Capacitación Profesional de Coaching

Capacitación Profesional de Coaching

Desarollando Excelencia y Liderazgo Efectivo

UN LIBRO DE TEXTO DE COACHING4TODAY'S LEADERS

Por
J. Val Hastings, MCC
Trigena H. Halley, PCC

Traducido y Editado por
Dr. Mario García, PCC

Información de Contacto

Val – 1.877.381.2672, val@coaching4todaysleaders.com
Trigena – 1.801.915.4046, trigena@me.com

Sitio Web
www.coaching4todaysleaders.com

ISBN # 978-0-9964837-2-8

Impreso en Los Estados Unidos de América

Tabla de Contenidos

Continuado en la próxima pagina...

Continuación de la pagina anterior...

Agradecimientos, J. Val Hastings

Yo soy uno de esos individuos que ha estado rodeado de personas que hacen que aflore lo mejor de mí. Este libro está dedicado a aquellos que me han fortalecido como persona, pastor y coach profesional.

Crecí con padres que me animaron a perseguir mis sueños y a soñar en grande. Recuerdo que cuando era niño les decía que quería ser un granjero, bombero, atleta profesional, astronauta y pastor. Y me dijeron que lo hiciera. Gracias mamá y papá, por los años de estímulo que me han ofrecido.

Mi esposa Wendy continuamente me anima a perseguir mis sueños. Es increíble tener una pareja que quiere lo mejor para mí. Gracias por tu apoyo y aliento. Qué gran regalo me has dado.

A mis dos hijas, Bryanna y Shelby, ustedes son mi fuente de orgullo y alegría. Es maravilloso ser su padre y ayudarlas a soñar en grande y a vivir sus sueños.

Tenemos un gran equipo y profesorado en Coaching4Clergy. Aprecio su compromiso con nuestra visión global y sus contribuciones a este libro.

A mi Gerente de Negocio en Línea y Asistente Virtual, Laura Pumo, y a su equipo en la Oficina DEVA, gracias por ayudarme a armar todo esto. Su asistencia fue invaluable.

A todos los pastores, personal del ministerio y líderes de la iglesia que he entrenado y capacitado, este libro está lleno de lo que me han enseñado. Otros se beneficiarán de su conocimiento.

Agradecimientos, Trigena H. Halley

Este libro está dedicado a aquellos que han apoyado y creído en mí como persona y como coach profesional.

A mi esposo, Steve, quien siempre me apoyó en la búsqueda de mis pasiones y me ha animado a vivir mis sueños. Gracias por siempre mantenerme centrada y nunca darme la respuesta.

A mis maravillosos hijos, Ethan y Addison, qué alegría es tenerles en mi vida y verlos que crecer. ¡Dios me ha bendecido con su presencia y aprendo de ustedes cada día!

A los cocaches en mi vida – Karen Hill, Karla Marshall, Dr. Diane Menendez, MCC y Val Hastings, MCC. ¡Gracias por escucharme, enseñarme y ayudarme a descubrir quién soy yo como esposa, madre, líder y coach! Su apoyo y, sobre todo su amistad, ha formado quien soy hoy.

Para aquellos de ustedes con quien "vivo la vida" (ya saben quiénes son, Kelly, Beth Ann y Tonia). Gracias por ser mi grupo de aventureras y animarme a perseguir mis sueños y metas. Todas ustedes son mujeres sorprendentes que a diario hacen una diferencia en las vidas de otros.

A todas las organizaciones y líderes a quienes he impartido coaching. Gracias por permitirme trabajar con ustedes. ¡Me siento agradecida de que nuestros caminos se hayan cruzado!

Introducción

Usted puede estarse preguntando por qué un ex pastor (Val) y una persona de negocios (Trigena) decidieron unirse para escribir un libro sobre coaching. Nuestra creencia es que la mayoría de los líderes de hoy tiene mucho en común en términos de cómo apoyar el crecimiento y el desarrollo de los individuos. Para ello, nuestro objetivo es apoyar aquellos líderes que están buscando maneras de inspirar, potencializar y desarrollar a personas y equipos a producir a su máxima capacidad y conseguir así importantes resultados sostenibles.

Utilizar el coaching como una herramienta de liderazgo es una forma de obtener resultados y empoderar a otros, no sólo como líderes de organizaciones comerciales, sino también dentro de las comunidades religiosas. Las habilidades de coaching contenidas en este libro ayudarán a los líderes en todo el mundo a obtener una mayor claridad acerca de cómo fortalecer a otros, a obtener resultados y a lograr niveles de productividad de alto impacto.

Si es la primera vez que usted se encuentra en la posición de liderazgo o si es la primera vez que ejerce como director ejecutivo, el coaching le resultará una herramienta muy valiosa y útil. En esencia, el coaching es empoderar a otros y, cuando los individuos tienen el poder, empieza a emerger el logro de la visión.

Lo que sea (o quien sea) que le haya motivado a aprender más acerca del coaching, deseo agradecerle por dar éste paso. Está iniciando una jornada que agregará un enorme valor a su vida y a las vidas de otros.

¡Felicidades! Empecemos.

Capítulo Uno
Iniciándose como Coach

¿QUÉ ES EL COACHING?

Cuando la gente descubre que soy un coach, generalmente me preguntan qué es el coaching. Cuando empiezo a explicar, generalmente observo una combinación de confusión e intriga en la expresión de mi oyente. El coaching, si bien es poderoso y transformacional, es difícil de entender. Una persona me ha dicho en varias ocasiones que ella cree que la verdadera razón por la que me contratan como su coach es porque les gusta cómo suena mi voz en el teléfono. Otros me han contratado como su coach diciendo: "No sé lo que es el coaching, pero lo que sea que haya hecho por_____ (otro líder), quiero lo haga por mí." O me han contratado como su "caja de resonancia" o eco, como alguien a quien reportarle mientas avanzan hacia sus nuevas conductas, cambios y/o metas.

Siempre es divertido escuchar las respuestas a las explicaciones de coaching: "Entonces usted va a escucharme muchísimo, no va a decirme qué hacer ni va a intentar corregirme. Yo voy a hacer todo el trabajo y ADEMÁS ¡le voy a pagar!"

Durante el transcurso de los años he descubierto que la mejor manera de ayudar a alguien a entender el coaching es ofrecerles una experiencia personal. Por eso doy una demostración en VIVO al principio de cada evento de capacitación de coaching que imparto. Luego de eso, invito a los participantes a definir lo que es el coaching, basándose en lo acaban de presenciar. Otra forma en la que podemos ayudar a los demás a que comprendan qué es el coaching es ofrecer una sesión gratuita a los individuos y líderes que están considerando utilizar un coach. Esta es una muy buena manera de ayudar a alguien a que comprenda el poder del coaching.

Por lo tanto, además de leer este manual, le invito a experimentar su propia demostración de coaching al programar una sesión gratuita. No sólo es la mejor manera de entender el coaching, sino que además usted también se beneficiará de recibirlo. (Por favor contáctenos para programar su sesión gratuita, sin compromiso alguno.)

Definamos qué es coaching y qué no lo es. La International Coach Federation (www. coachfederation.org) define el coaching como "Asociarse con los clientes en un proceso reflexivo y creativo que les inspire a maximizar su potencial personal y profesional."

Así es como yo defino el coaching: Como coach, ayudo a la gente a obtener los resultados que desean, haciendo destacar sus mejores aptitudes. El coaching no se trata de "componer" a la gente o de solucionar sus problemas; el coaching es un proceso basado en el desarrollo o el descubrimiento. Al igual que los entrenadores deportivos, desarrollamos la habilidad y el talento ya inherente de las personas a las que impartimos el coaching.

Ya sea que usted utilice la definición de coaching de la International Coach Federation o mi definición, o si incluso desarrolla la suya propia, hay varios componentes claves que quiero destacar:

1.   El coaching es una alianza.

El coach y el coachee están involucrados en un proceso colaborativo que es, al 100%, sobre la persona que está recibiendo el coaching. La relación entre el coach y el coachee es de suma importancia. La seguridad y confianza en esta relación crean un ambiente en el cual se pueden explorar perspectivas frescas y nuevas maneras de ser. Es más probable que los coachees le dejen ver quiénes son realmente si ellos creen que puede confiar en usted.

2.   El coaching acelera lo que ya está en camino o a punto de comenzar.

Esta es una distinción fundamental entre el coaching y otras disciplinas. Debido a que nuestra perspectiva es que la persona ya está entera y completa, no nos movemos de inmediato a arreglarla o a traer una mentalidad de escasez. Por el contrario, buscamos e indagamos para encontrar tesoros en lo que vemos frente a nosotros. Los coaches disfrutan de pasar tiempo en la intersección de la curiosidad y el asombro.

Al principio, muchos de los individuos y los equipos a quienes les doy coaching tienen poco o ningún conocimiento de lo que ya está en marcha o a punto de comenzar. Uno de los beneficios del proceso de coaching es que crea espacio en el horario del coachee, incluso si es tan sólo por 30 minutos, para que pueda retroceder y ver lo que es. A través de escuchar a fondo y hacer preguntas poderosas, el coach ayuda a la otra persona a obtener una mayor claridad sobre lo que realmente quiere, y también claridad sobre lo que necesita ocurrir después.

3.   Los coaches maximizan el potencial, moviendo a las personas de "bien" a "grandioso."

Los coaches hacen más que inspirar o alentar; los coaches ayudan a las personas a progresar. ¿Ha oído de algún atleta magistral que haya alcanzado éxito alguno sin entrenamiento? Un coach le desarrollará más, más rápido y más profundo de lo que usted puede hacer por su cuenta.

Una de las maneras en que logramos el máximo aprovechamiento en el coaching es recurriendo a la fortaleza y habilidades de los que están recibiendo el coaching. Los coaches buscan y desarrollan intencionalmente las fortalezas y dones de la persona. Aprecio la forma en que Benjamin Zander explica esto en su libro, el Arte de la Posibilidad (The Art of Possibility). Zander comienza cada término informando a sus estudiantes que ya tienen una "A." Nuestros coachees también comienzan con una "A." (Hablaremos un poco más sobre Ben Zander más adelante en este libro).

Uno de los mejores ejemplos de iniciar con una "A" es cómo desarrollo y nutro a los futuros líderes en nuestras organizaciones. La mayoría de los líderes jóvenes van a las juntas con los clientes, clientes, posibles clientes y compañeros de equipo esperando agregar valor, obtener resultados y hacer avanzar sus organizaciones. Los líderes que tienen coaches, que creen en sus capacidades, esperan grandes cosas y les dan una "A" tienen una ventaja añadida. Cuando trabajo con futuros líderes, los apoyo para que desarrollen soluciones y para que sean responsables de os resultados, y luego me alejo y les permito la libertad necesaria para que alcancen esos logros.

Otra manera en la que los coaches maximizan el potencial es mirando más allá de las soluciones, a los cambios. El trabajo del cambio implica perspectivas internas, creencias y suposiciones. Me gustaría decirle a la gente que como coach yo "enciendo una linterna" sobre sus perspectivas, creencias y suposiciones y los ayudo ver cómo éstos apoyan y limitan su avance. Déjenme darles un ejemplo. Cuando comencé a entrenar para mi primer medio maratón, me refería a mí mismo como un "no corredor que corre." Incrementé mi kilometraje de forma consistente pero me "atoré" en el rango de los doce kilómetros y no lograba superarlo. Mientras trabajaba con otro coach, él me preguntó: "¿Cuál es la relación entre la creencia de que usted no es un corredor y el hecho de que haya dejado de avanzar?" fue durante esa conversación que me di cuenta de cómo mi creencia estaba evitando que lograra avanzar. Cambié mi creencia y mi manera de pensar, lo que hizo que cambiara la forma en la que me veía a mí mismo y a mis capacidades.

Otra manera en la que los coaches maximizan el potencial es mirando más allá de las soluciones, a los cambios. El trabajo del cambio implica perspectivas internas, creencias y suposiciones. Me gustaría decirle a la gente que como coach yo "enciendo una linterna" sobre sus perspectivas, creencias y suposiciones y los ayudo ver cómo éstos apoyan y limitan su avance. Déjenme darles un ejemplo. Cuando comencé a entrenar para mi primer medio maratón, me refería a mí mismo como un "no corredor que corre." Incrementé mi kilometraje de forma consistente pero me "atoré" en el rango de los doce kilómetros y no lograba superarlo. Mientras trabajaba con otro coach, él me preguntó: "¿Cuál es la relación entre la creencia de que usted no es un corredor y el hecho de que haya dejado de avanzar?" fue durante esa conversación que me di cuenta de cómo mi creencia estaba evitando que lograra avanzar. Cambié mi creencia y mi manera de pensar, lo que hizo que cambiara la forma en la que me veía a mí mismo y a mis capacidades.

Hace muchos años yo tenía la creencia de que era "sólo un pastor" y que nadie contrataría a un pastor como su coach, especialmente en el mundo de los negocios. No había soluciones externas o planes de acción que pudieran abordar adecuadamente esta creencia interna. En cambio, mi coach me ayudó a crear una conciencia sobre cómo esta creencia interna me limitaba, y además me ayudó a ganar una nueva perspectiva en esta creencia. De pronto simplemente supe que las personas me querrían contratar como su coach precisamente porque era un pastor. Eso era todo lo que necesitaba. A ese acontecimiento le siguió un gran paso adelante en mi carrera.

Otra manera en la que los coaches maximizan el potencial del coachee es que caminan junto a ellos, en lugar de intentar conducirlos. El coachee permanece en el asiento del conductor, pero el entrenador es invitado a lo largo del paseo. Realmente me gusta esta expresión: Un coach no es un sabio en el escenario, sino un guía al lado. ¡Que gran verdad! Ayudamos a otros a desarrollar su potencial, pero no haciéndolo por ellos o diciéndoles qué hacer. En este papel de "guía acompañante" el entrenador se convierte en:

- Su socio para conseguir metas profesionales y personales.
- Su "caja de resonancia" (eco) cuando toma decisiones.
- Su apoyo en el desarrollo profesional y personal.
- Su guía en la comunicación y en las habilidades de la vida.
- Su motivación cuando se requieren acciones determinantes.
- Su soporte incondicional cuando recibe un golpe.

¿Cómo se Diferencia el Coaching de la Terapia, la Consultoría y la Mentoría?

Déjenme decir primero que el coaching no es el "Alfa y Omega" de la ayuda personal. Aunque existen enormes beneficios del coaching, también existen para la terapia, consultoría y mentoría. Todos son valiosos. Llevando esto un paso más allá, creo que es absolutamente esencial que, como coaches, apreciemos las contribuciones importantes que hacen los terapeutas, consultores y mentores para el continuo éxito de los coachees. De hecho, cerca de un tercio de mis coachees también utilizan los servicios de un terapeuta, consultor o mentor.

Hay muchas superposiciones entre el coaching y la terapia, consultoría y la mentoría. Los consultores se identifican con la lluvia de ideas, el diseño de los elementos del plan y el darle seguimiento al proceso de entrenamiento, mientras que los mentores se sienten identificados con nuestra filosofía de "guía junto a nosotros." Durante un reciente evento de capacitación de coaching para terapeutas, un participante afirmó que muchos de los conceptos de audición y habilidades que estaba aprendiendo eran muy similares a lo que había aprendido como terapeuta. Otro terapeuta de matrimonios y familias definió al coaching como "terapia para las personas sanas" y declaró que sería muy refrescante trabajar con gente que estaba, básicamente, entera y completa.

Muchos coaches ven las ventajas de combinar el coaching con estas otras modalidades de tratamiento. Un ejemplo perfecto es el coaching mentor que ofrezco a los coaches. Aquellos a quienes ofrezco coaching-mentor se benefician del acceso a las habilidades y técnicas que tengo de ambos: mentoría y coaching. A veces mezclo ambas; otras veces utilizo uno u otro. También hay muchos asesores y terapeutas que ahora mezclan el coaching en sus prácticas. Tenga en cuenta que es muy importante entender claramente las semejanzas y las diferencias cuando intencionalmente superponemos el coaching con otra disciplina o habilidad. La clave está en saber cuál disciplina arrojará los mejores resultados para el coachee, y no cuál resulte ser la más sencilla para el coach.

El coaching es tan reciente, que hay muchas percepciones acerca de lo que es. Alguien que ofrece coaching puede o no estar adhiriéndose a las técnicas y enfoques que usted está aprendiendo aquí. He escuchado, más de una vez, cómo el coach de alguien proporciona "consejos" de manera sumamente efectiva, y cómo les dice "qué es lo que tienen que hacer." Muchas veces se sorprenden al ver mi proceso. Toma un poco de tiempo el desentrenarlos y re-entrenarlos en los verdaderos procesos del coaching. Las buenas noticias son que, después de experimentar el coaching, la mayoría de los individuos lo prefieren y logran ver los méritos de éste proceso.

Coaching Versus Terapia

A través de los años he reunido varias distinciones claves entre coaching y terapia. Una distinción es que la terapia se trata de recuperarse, mientras que el coaching se trata de descubrirse. La terapia, en general, se enfoca en la recuperación de un dolor o de una disfunción, a menudo procedentes del pasado. El enfoque está en la recuperación general de la salud psicológica.

El coaching, por su lado, asume que existe un buen nivel de salud y bienestar, por lo que no se enfoca en la recuperación, sino en el descubrimiento. El proceso de coaching ocurre en un ambiente de curiosidad y cuestionamiento, mientras buscamos el máximo rendimiento en aquellos a los que impartimos el coaching.

> *Algunas veces la mejor contribución que un coach puede ofrecerle a otra persona se refleja simplemente tres palabras: "No lo sé." Es el estar abierto al no saber, lo que le permite al coach hacer avanzar a su coachee.*

Si utilizamos una línea de tiempo, la terapia es generalmente, recuperarse del pasado, trayendo a la persona a un presente saludable. Los coaches empiezan en el presente saludable y se disparan de ahí, para crear y descubrir el futuro.

Otra distinción útil es la arqueología versus la arquitectura. La terapia, como la arqueología, excava en el pasado para descubrir significados ocultos que nos ayuden a entender tanto el pasado como el presente. El coaching, similar a la arquitectura, se basa en el sólido y sano cimiento de la persona tal y como es hoy en día, con el objetivo principal de diseñar, crear y apoyar. A menudo le recuerdo a los nuevos coaches que si no hay avance en el progreso, o signos de que éste venga en camino, entonces no es realmente un coaching.

Una distinción más: terapia versus terapéutico. Muchos individuos y grupos informan sobre los beneficios terapéuticos del coaching; generalmente se sienten más positivos acerca de sí mismos, de su presente y de su futuro como resultado del mismo. ¡Sí! Se siente bien progresar realmente y lograr lo que se proponga. El coaching es terapéutico, pero no es una terapia. Aquellos que imparten coaching tienen una obligación ética de sugerir terapia cuando sea necesario. Los indicadores pueden incluir:

- Un aumento en el sentimiento de tristeza
- Dificultad para enfocarse
- Cambios en los patrones de sueño, apetito y carácter
- Sensación de desesperanza
- Un incremento en la conducta de riesgo
- Pensamientos de suicidio
- Enfocarse intensamente en el pasado

Coaching versus Consultoría

Hay dos preguntas que vienen a mi mente cuando considero la distinción entre coaching y consultoría:

- ¿Quién es el experto reconocido?
- ¿Quién es el responsable del resultado?

En la consultoría, el experto reconocido es el consultor. La mayoría de la gente trabaja con un consultor porque creen que sus conocimientos les beneficiarán a ellos o a su organización. Generalmente el consultor ayuda a diagnosticar los problemas y prescribe un conjunto de soluciones. En el coaching, el experto reconocido es la persona o el equipo al que se le está impartiendo el coaching. La perspectiva del coaching es que el coachee es capaz de generar sus propias soluciones. El rol del coach es proporcionar un marco basado en el descubrimiento que aproveche aún más la experiencia de la persona a la que se le imparte el coaching.

En cuanto a quién es responsable por el resultado, en la consultoría, el consultor es responsable por el resultado deseado. Siguiendo los consejos del consultor, el cliente logrará el resultado deseado. Compare esto con el coaching. Los coaches buscan empoderar a aquel que está recibiendo el coaching. Es el coachee quien está haciendo el trabajo y, por lo tanto, es el responsable del resultado. Ellos generan sus propios planes y toman sus propias acciones. El coach es responsable de sostener el marco del proceso de coaching, pero no del resultado

Coaching versus Mentoría

La mentoría es el proceso de guiar a otro a lo largo de un camino por el que el mentor ya ha viajado. El intercambio o la dirección incluyen las propias experiencias y aprender de las experiencias del mentor. La premisa subyacente es que la visión y la dirección del mentor pueden acelerar la curva de aprendizaje de aquel que está recibiendo la mentoría. Aunque en muchos casos un coach y un coachee podrían compartir una experiencia similar, no es la experiencia personal y profesional del coach la que tiene el mayor valor. En la relación de coaching, es la experiencia del coachee la que tiene mayor importancia.

¿Significa eso que el coach nunca comparte sus experiencias o conocimientos? Para nada. En una reciente conferencia de la International Coach Federation, he aprendido que una de las cosas que los coachees valoran más de sus coaches es cuando él comparte consejos y experiencia, cuando se le pide y cuando sea apropiado. Observe los calificadores: Cuando se le pida y cuando *sea apropiado*.

Cuando los coachees me piden que les diga qué hacer, generalmente les doy alguna respuesta parecida a: "Basado en aquellos a los que les he impartido coaching en una situación similar, aquí están algunas ideas. ¿Qué opina?" En otras palabras, estoy dándoles mi consejo sin darle mucha importancia, recordándoles que es simplemente mi mejor opinión sobre lo que podría suceder y nada más.

¿Cuándo es apropiado compartir nuestras experiencias y conocimientos? Algunas veces la persona a la que estamos impartiéndole el coaching puede estar bloqueada, y ofrecerle asesoramiento puede servir para romper el bloqueo y hacerlos pensar. Otra ocasión puede ser que logren alcanzar una meta mayor más rápidamente y con mayor efectividad si pueden saltar por encima de las cosas de menor importancia. En todos estos casos, se presume que usted ya ha establecido una relación de coaching de confianza y seguridad, y ellos entienden que es sólo su opinión.

Inicialmente, yo recomiendo que los nuevos coaches se abstengan de ofrecer consejos. La mayoría de las personas ha aprendido a ofrecer consejos en formas que no son útiles y, de hecho, debilitan a los demás. En primer lugar, debemos aprender a cómo no dar consejos. Entonces, podemos empezar a aprender nuevamente el arte de aconsejar. Hablaremos más sobre esto más adelante.

¿Cómo se ve una Típica Sesión de Coaching?

Un ejemplo de coaching a un líder que está "atorado" podría verse como esto:

"¡Estamos estancados! Lo hemos intentado todo y nada parece funcionar. Tenemos el panorama general... pero no podemos empezar. El resultado es que estamos perdiendo ímpetu. Parece que damos un paso adelante y luego dos pasos hacia atrás. Los líderes están abandonando el proyecto. Empiezo a cuestionar mi capacidad de liderazgo. ¡Ayuda!"

Un coach podría emplear una de las siguientes cinco estrategias:

1. **Pídale al líder que comparta más detalles con usted.** Uno de los mejores lugares para comenzar es simplemente invitar a la persona a que hable más.

2. **Refleje de vuelta lo que está escuchando y observando.** Es increíble lo útil que puede ser el simple acto de reflejar. Para el coachee, es muy beneficioso oír lo que ellos mismos están diciendo y ver cómo están siendo escuchados.

3. **Invite al líder a que describa la visión o el panorama general.** En este escenario, el líder afirma que "tenemos el panorama general...pero no podemos empezar." Como coach, quiero confirmar que realmente tienen el panorama general. Una y otra vez descubro que los líderes creen que los otros tienen el panorama cuando realmente no lo tienen. Como siguiente paso, podría alentar a este pastor para que amplíe la conversación acerca de la visión un poco más. El grupo pudo haberse movido demasiado rápido al modo de estrategia cuando realmente tendría que pasar más tiempo con la visión.

4. **Pregunte sobre el plan.** Este podría ser un problema de implementación. Es bastante común desarrollar una visión maravillosa, colgarla en la pared y asumir que sucederá sola. Una visión necesita un plan. Una de las razones principales por las que una visión nunca se implementa es porque carece de un plan o el plan se comunica de manera deficiente.

> *"La Corporación XEROX participó en varios estudios sobre el coaching. Determinaron que cuando no hubo seguimiento a sus programas de aprendizaje, el 87% de las destrezas adquiridas fueron abandonadas."*
> —Business Wire

5. **Pregúntele sobre su sistema de soporte.** ¿Quién les puede ayudar con esto? Además de un coach, otros miembros del equipo, colegas y compañeros de trabajo pueden ser de gran ayuda. Hay numerosos colegas que tienen información valiosa y han aprendido de experiencias similares. Aproveche sus experiencias o búsquelos para que le sirvan como caja de resonancia o para escuchar sus palabras alentadoras.

¿Qué Quiere decir por un "Enfoque de Coaching" al Liderazgo?

Un número creciente de líderes actuales están buscando capacitación en coaching como una forma de mejorar su habilidad para liderar y para desarrollar a individuos y equipos. Muchos están viendo el coaching como una forma tangible para abordar su papel como "desarrollador de talento organizacional." La capacitación de coaching ofrece herramientas prácticas y comprobadas y habilidades para equipar a los líderes de forma que puedan construir fortaleza en el equipo, que logren resultados, mejoren su rendimiento y empoderen a otros.

Una manera de incorporar el coaching al liderazgo es impartirlo a los grupos y equipos con los que trabajamos, en lugar de tomar un rol de liderazgo más tradicional. Utilice sus habilidades de coaching para ayudar a estos equipos a ver claramente lo que realmente, realmente quieren, y luego salga de su camino y déjelos que hagan que eso suceda. ¿Cuál es el resultado de este enfoque de coaching al grupo líder? Usted tendrá un equipo más eficaz cuyos integrantes están trabajando desde sus fortalezas en vez de hacerlo desde sus consejos. Otra manera en la que los líderes utilizan el coaching es de forma individual, utilizando sus reportes directos como una manera de apoyar la solución de problemas y la responsabilidad de los resultados obtenidos. Últimamente, muchas organizaciones están introduciendo el coaching a la manera en la que conducen las revisiones de rendimiento y la manera en la que refuerzan la ejecución de los programas de entrenamiento.

Cuando supervise y evalúe a otros, imagínese dándoles una "A" antes de empezar. ¿Cuánto más empoderada podría estar esa cultura organizacional? Añada a eso las preguntas poderosas que hacemos y la escucha profunda que ofrecemos y tendremos una receta para el éxito!

Nuestras organizaciones están llenas de personas que están experimentando una transición personal y profesional y pueden beneficiarse grandemente del enfoque de apoyo, claridad y responsabilidad que aporta el coaching. Imagínese a líderes que cultivan una cultura de apoyo y confianza, con una habilidad para lograr el mejor aprovechamiento de las cualidades de otras personas. La transformación personal, el rendimiento máximo y los resultados se darían de inmediato.

Recientemente, un coach novato me dijo que creía que el coaching era realmente un lujo, especialmente en esta economía. Mi respuesta fue que el liderazgo eficaz no es un lujo, sino una necesidad. Imagine la diferencia en usted y en su organización si se asociara con un coach cuyo único propósito fuera potencializar sus cualidades y ayudarle a desempeñarse continuamente a ese mismo nivel. Si sus organizaciones van a ser exitosas, entonces el coaching no debe no ser visto como un lujo, sino como una necesidad.

EL MODELO DE COACHING DE CINCO PASOS

Hace años, cuando era un coach novato, una de mis herramientas más útiles era un modelo de coaching.

El siguiente modelo de coaching le proporcionará un marco al que puede volver una y otra vez a medida que sus habilidades como coach progresan, y a medida que instruya coaching a un público más diverso e interesante y en diferentes situaciones.

El coaching sólido, como una casa sólida, tiene:

- **Cimientos**
  - Escuchar
  - Evocar
- **Marco de Soporte**
  - Clarificar
- **Lluvia de ideas**
- **Revestimiento Fuerte**
  - Soporte

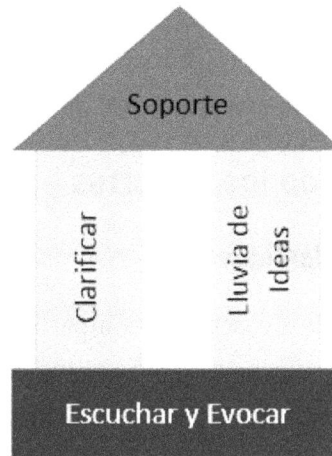

Estableciendo los cimientos

Paso 1: Escuchar

El objetivo como coach es escuchar tan detenidamente a su cliente, que las respuestas salgan solas. La proporción ideal es que usted esté escuchando el 80% del tiempo y respondiendo el 20% del tiempo. Es absolutamente esencial que el cliente se sienta completamente entendido. Escuche detenidamente utilizando estas sugerencias:

- Escuche, no sólo con sus oídos sino con sus ojos y todo su ser (escuchar a nivel interior)
- Escuche el tono, la inflexión, el ritmo y el nivel.
- Escuche no sólo lo que se dice, sino también lo que no se dice.
- Preste particular atención a lo último que se dijo.
- Escuche sin juzgar, criticar y sin un plan preconcebido.
- Escuche sin pensar en qué va decir después.

Paso 2: Evocar

Incite al coachee a decir más. Evocar es como abrir el grifo. Usted está intentando ir más allá de la superficie y llegar a la fuente del problema.

Ejemplos de respuestas evocativas:

- Hmmmm.
- ¿Qué más desea decirme sobre esto?
- Cuénteme más.
- ¿Hay algo más que desee que yo sepa?

Colocando los Soportes

Paso 3: Clarifique

Una vez que el coachee ha compartido y ha participado activamente con usted, es importante responder y aclarar lo que se dice. Esto ofrece al cliente la oportunidad de escuchar lo que ellos han verbalizado desde una perspectiva ligeramente diferente. También garantiza que el cliente y usted estén en la misma página.

Ejemplos de técnicas de clarificación:

- Le escuché decir… (reflejar)
- Yo sentí que… (parafraseando o reflejando)
- ¿Es esto lo que quiso decir? (verificando)
- En una escala de 1 a 10, ¿qué tan comprometido se encuentra usted con esto? 1=no comprometido, 10=muy comprometido (calificar)
- Enumere estas cosas basándose en la que es más importante para usted … 1=menos importante, 10=más importante (clasificar)

Paso 4: Lluvia de Ideas

Una vez que el tema se ha aclarado, usted y el coachee pueden comenzar a ir más a fondo y seguir discutiendo el tema. Las preguntas son fundamentales para el proceso de coaching.

Unos ejemplos de preguntas incluyen:

- ¿Cuáles son las opciones/oportunidades aquí? Hagamos una lista.
- ¿Cuál es la solución más simple?
- ¿Cuáles son los resultados de NO lidiar con esto?
- ¿Qué le está deteniendo?

- ¿Qué desea poder decir acerca de ésta situación dentro de tres meses que no pueda decir ahora?
- ¿Qué es lo que realmente, REALMENTE desea?

Hay una lista más completa de estas preguntas en la sección de Preguntas Poderosas, más adelante.

Proveyendo un Revestimiento

Paso 5: Soporte

La acción es fundamental a la experiencia de coaching. Apoyar al coachee para diseñar un paso de acción lo ayuda a moverse hacia adelante, cerrando la brecha entre donde están actualmente y donde quieren estar.

Una conversación típica de coaching podría ser la siguiente:

- Basándose en nuestra conversación de hoy, ¿qué medidas le gustaría tomar? ¿Y cuándo se completarían?
- ¿Qué quiere informarme en nuestra próxima sesión de coaching?
- ¿Qué le acercará más a su meta?
- ¿Qué necesita hacer para enfocarse en esto la próxima semana?
- ¿Qué podría obstaculizar el camino?
- ¿Quién puede ayudarle con esto?

En las sesiones de coaching subsecuentes las preguntas pueden ser:

- ¿Qué logró?
- ¿Qué no logró que había dicho que lograría?
- ¿Qué obstaculizó su camino?
- ¿Qué sigue?

CONTACTO INICIAL CON UN NUEVO COACHEE

Esta sección cubrirá su contacto inicial con un coachee o potencial coachee en el papel de coach. Los temas incluyen la consulta de coaching gratuita y el kit de bienvenida. En la mayoría de los casos su contacto inicial será una consulta de coaching gratuita.

La Consulta de Coaching Gratuita

La sesión de coaching gratuita suele ser una sesión de 45 a 50 minutos. El propósito de la sesión complementaria es darle a su coachee potencial una oportunidad para experimentarlo a usted como coach. Además de para usted, como coach, para discernir el potencial de la "preparación" del coachee para el coaching. Hay tres secciones en una típica sesión de coaching gratuita. Estas incluyen:

1. **Introducción del coach y el coaching (5-10 minutos):**

• Preséntese brevemente frente al coachee potencial y pídale que haga lo mismo.

• Agradézcale la oportunidad de capacitarle en coaching.

• Tómese unos minutos para explicar lo que es el coaching, así como lo que no es.

• Informe al coachee que está en un espacio seguro y que mantendrá esta conversación de manera confidencial.

2. **Coaching Complementario (30 minutos):**

• Trate esta sesión como si fuera una sesión de coaching real.

• Durante la sesión de entrenamiento, desarrolle un plan de pasos siguientes con el coachee y solicite que regresen con usted en de dos semanas para revisar su progreso. Pídales que regresen, incluso si no le contratan como su coach. Explíqueles que un componente clave para el proceso del coaching es el seguimiento y la rendición de cuentas.

3. **Discuta los posibles pasos siguientes (10 minutos):**

• Si el coachee está "listo" para el coaching y la relación entre los dos es positiva, hable con el coachee sobre próximos pasos.

• Hable con él respecto a los resultados y los beneficios del coaching.

• Comparta sus cuotas estándar al igual que los siguientes pasos para iniciar una relación de coaching con usted.

Recuerde, algunos estarán preparados para contratarle justo después de la sesión de coaching gratuita, algunos no lo harán. No es inusual que un coachee potencial necesite tiempo para pensar las cosas. Deles ese tiempo y espacio. No los presione.

Recuérdele al coachee que independientemente de que lo contrate o no, usted desea recibir un informe de seguimiento de él sobre su progreso, o falta de progreso, en dos semanas.

Para entornos de coaching internos, la sesión de coaching gratuita sigue el mismo proceso con los siguientes ajustes:

- Una discusión acerca de la confidencialidad de la sesión y lo que será y no será compartido con recursos humanos, el gerente del coachee u otros en la organización. NOTA: Esto también se aplica a coaches externos que están siendo contratados por un tercero para impartir coaching internamente.

- Discuta por qué se recomienda que el coachee tenga ésta oportunidad de coaching.

- La discusión libre será, probablemente, inexistente, o puede incluir una discusión sobre el reembolso y las aprobaciones.

Kit de Bienvenida al Coaching

El paquete de bienvenida es un conjunto de documentos que prepara al nuevo coachee para la experiencia de coaching. Hay una muestra del Paquete de Bienvenida en la Sección de Recursos de este libro. El Paquete de Bienvenida Incluye:

- **Una carta de Bienvenida.** Esta es una carta introductoria que un coach envía a un nuevo cliente y que proporciona la siguiente información:
  - Una cálida bienvenida al coaching y un agradecimiento por elegirle como su coach.
  - Información general acerca de usted como coach, así como información sobre el proceso de coaching.
  - Un contrato de coaching.
  - Formularios para que el coachee se prepare para cada sesión de coaching. (Reporte de Primera Sesión de Coaching + Informe de Enfoque.)
  - La ética y estándares profesionales a los que usted se adhiere.
  - Información de contacto del coachee.
- **El Contrato de Coaching.** Este es el contrato con el coachee que cubre todos los aspectos del acuerdo de coaching. Se recomienda que usted le pida a un abogado que revise su contrato para asegurarse que es legalmente vinculante y preciso.
- **El Formulario de Reporte de Enfoque.** Esta es una forma que es utilizada por el coachee para prepararse para la próxima sesión de coaching. Generalmente, el formulario es enviado al coach antes de cada sesión de coaching. Algunos hacen de esto un requisito, mientras otros coaches permiten que sea opcional.

Muchos coaches tienen un formulario de reporte por separado para la primera sesión de coaching. A menudo, ésta proporciona al coach información adicional útil para él y el proceso global del coaching.

Para los ambientes de coaching interno, el paquete de bienvenida incluiría la misma información con las siguientes diferencias:

- El acuerdo sería aplicable a un ambiente interno, hará referencia a cuál información será compartida y cómo serán gastados los costos.
- Definir cómo trabaja el coaching en la cultura y organización de la organización.

ESTABLECIENDO LÍMITES

Un Límite es el espacio que proporciona entre usted y otros, física, emocional y mentalmente

Los límites saludables proporcionan parámetros para los servicios de coaching que usted proveerá y para lo que hará y no hará al igual que le proporcionará un claro sentido de sí mismo. Los límites saludables definen lo que usted necesita de otros y lo que aceptará de otros. Protegen la relación que usted tiene con otros.

Los Límites Saludables le permiten poner en claro "quién es" y "lo que usted necesita." Este conocimiento promueve un mayor sentido de paz, felicidad y confianza en las relaciones con otros, persigue el respeto mutuo y reduce el estrés. Cuando usted establece y refuerza los límites en su relación, le permite ser responsable de sus acciones, sin asumir los problemas de los demás.

Según el artículo "Protegiendo Límites Personales," escrito por Laurie Pawlik-Kienlen, los límites personales son evidentes y eficaces cuando usted sabe quién es y se trata a sí mismo y a los demás con respeto. Cuando tiene límites saludables, usted tiene un marco para abordar tanto las situaciones como a las personas.

Para construir límites eficaces debe tener claro lo que necesita, quiere, lo que le gusta o no le gusta y lo que desea para usted y su futuro. La mejor manera de fijar límites es hacerlo "proactivamente," antes de que un límite haya sido violado, en vez de hacerlo de forma "reactiva," después de que su límite ya ha sido violado. La creación de límites reactivos puede causar una serie de problemas dentro de una relación, ya que será necesario volver a establecer las expectativas o habrá que volver a negociarlas, y las emociones negativas se agudizarán, lo que atraerá conflictos con más facilidad.

Como coach, cuando esté estableciendo sus límites, considere lo siguiente:

- Sea honesto con lo que desea y con lo que no desea.

- Determine cómo comunicará sus límites.

- Esté dispuesto a abordar y reforzar la "violación de límites" con otros.

El establecimiento de límites con aquellos a quienes imparte coaching puede hacerse de varias formas diferentes. Algunas opciones son las siguientes:

- Discuta los límites durante la Sesión Inicial.

- Incluya los límites en su contrato de coaching.

- Sea claro respecto a sus expectativas en su carta de bienvenida.

- Aborde los límites durante el proceso de coaching.

- Modelar limites durante las sesiones de coaching.

Establecer límites puede ser difícil a veces, especialmente para los nuevos coaches. El proceso de coaching suele ser una experiencia íntima. Como coaches, experimentamos la esencia de "quién" es un individuo y apoyamos los esfuerzos de esa persona a progresar hacia adelante. Aquellos a quienes impartimos el coaching comparten con nosotros sus sueños y esperanzas para sí mismos y otros. Como resultado, aquellos a quienes impartimos el coaching pueden a menudo sentir una "cercanía" a nosotros. Como coach, esta "cercanía" puede ser ventajosa en el proceso de coaching. Puede también, en ausencia de límites saludables, resultar muy peligrosa para el coach y el coachee. Por esta razón, es importante para los coaches establecer límites.

Los coaches que tienen dificultades estableciendo límites muchas veces:

- Carecen de un saludable respeto por sí mismos.

- Tienen dificultades con el manejo de confrontaciones y conflictos.

- Se agotan más fácilmente.

- Tienen problemas de ira, frustraciones o sentimientos de manipulación hacia los demás o a los que están sirviendo como coach.

- Pueden no estar "orientados al presente," debido a conflictos con los límites.

- Tienen problemas "complaciendo a los demás."

- Se les dificulta ser asertivos.

El establecimiento de límites es una habilidad necesaria para que los coaches sean eficaces. Con el fin de permanecer auténticos en nuestra comunicación con aquellos a quienes impartimos el coaching y para no quedar atrapado entre sus "cosas," los entrenadores deben ser capaces de establecer y hacer cumplir los límites eficaces.

Al comunicar los límites, es importante ser sincero, claro y respetuoso.

- Sea CANDIDO, comparta lo que está viendo, experimentando, observando.

- Sea CLARO, sea específico y conciso en sus comunicaciones.

- Sea RESPETUOSO, mantenga la autoestima de los demás y trate todas las situaciones con respeto.

Como coach, es importante que tenga una estrategia y/o plan para establecer los límites con certeza. Es importante que esté seguro de cómo y cuándo hará excepciones. Las siguientes son algunas consideraciones que deberá tomar en cuenta:

- **Tenga un plan para los "Violadores de Límites."** Planifique con antelación cómo abordará la violación de límites, y cómo y cuándo hará excepciones. Con mucho tacto, discuta las expectativas para el futuro. Cuando un límite requiera un "no," comparta el "por qué" detrás del "no." Cuando se viola un límite, comunique lo que va a pasar y discuta cómo evitar que eso vuelva a ocurrir en el futuro.

- **Guie con el Ejemplo.** Tenga límites y ¡úselos! Piense en aquellos a quienes usted conoce que establecen, comunican y hacen cumplir los límites efectivamente. Considere cómo interactúan con otros y permanecen fieles a sus límites. Si quiere que otros respeten sus límites, asegúrese de que usted los ha comunicado claramente y no deje que otros los infrinjan. Por último, respete los límites de otros como usted desea que respeten sus límites.

- **Conozca sus Propias Necesidades.** Sepa lo que usted necesita y desea para tener éxito. Considere tus relaciones y su vida, ¿qué necesita para ser exitoso? Una vez que sepa lo que necesita, entonces pregúntese a sí mismo qué límites tiene que poner en marcha para apoyar su éxito. Por último, comunique esos límites a aquellos con quienes interactúa.

- **Establezca Límites de Manera Proactiva.** Fije límites "proactivamente" en vez de "reactivamente." Compartir sus límites de forma proactiva es una mejor estrategia que decidir, en medio de una situación acalorada, que ya no va a "permitirlo." ¡No ponga sus relaciones en peligro sólo porque no ha hecho su tarea!

Respétese a sí mismo lo suficiente para establecer y hacer cumplir sus límites personales, profesionales y de coaching.. Si usted no puede cumplir con sus propios límites, será difícil para usted impartir coaching a otros para que alcancen su máximo potencial. Por ejemplo, como coach, tengo límites en lo que concierne a mí tiempo. Hay ciertas ocasiones en las que no imparto coaching. Tengo días que me tomo para mí, para estar con mi familia o para rejuvenecerme, realizando algún hobby o haciendo lo que me apasione más. La forma en la que dejamos que otros nos traten los "entrena" sobre lo que esperamos en términos de una relación. *Cuando usted no habla o no informa a otros sobre sus límites, usted está confirmando que su comportamiento es aceptable en términos de su interacción con usted.*

¿Cuáles son los signos y señales que Indican que usted (o cualquier otra persona) puede tener problemas con sus límites?

- Ellos no respetan sus límites como su coach.

- Están estresados constantemente.

- No conocen sus propios límites.

- Habitualmente no hablan de lo que desean y necesitan.

- Tienen dificultad para articular lo que desean y necesitan.

- Tienen dificultades con la rendición de cuentas, tanto en términos de su propia responsabilidad, como sobre la rendición de cuentas de otros.

- Habitualmente sacrifican sus necesidades y deseos por las necesidades y deseos de otros.

Al trabajar con otras personas en el establecimiento de límites, considere las siguientes técnicas para ayudar a su coachee a desarrollar o mejorar sus habilidades para establecer y reforzar sus límites. Pídale al individuo qué defina sus necesidades, deseos y metas. Una vez que haya definido sus metas, pregúntele qué límites necesita establecer para apoyar esas metas.

- Inicie preguntándole al individuo qué necesita para avanzar hacia sus metas.

- Basado en la pregunta anterior, solicíteles que definan qué límites necesitan establecer para avanzar.

- Luego, solicítele al individuo que defina qué apoyo necesitará para implementar y reforzar sus límites con efectividad.

- Por último, pídales que vean los límites y consideren sus habilidades para reforzarlos asertivamente.

Si usted nota un patrón en el que él no habla de sus límites o que permite que otros se aprovechen de ellos, considere tener una discusión sobre la comunicación de los límites y el respeto mutuo. Observe si existen patrones de desvío de responsabilidad personal o de asumir la responsabilidad por otras personas. Solicítele al individuo que defina de qué es responsable, y haga que defina dónde empieza su responsabilidad y dónde termina.

Durante el proceso de coaching, su coachee empezará a adoptar nuevas conductas y nuevas formas de pensar, y tendrá nuevas experiencias. Un paso importante es revisar y apoyar el restablecimiento de sus límites. Como su coach:

- ¿Cómo están sus nuevas conductas, sus pensamientos y experiencias, impactando cómo se relacionan con otros?

- ¿Cómo están interactuando los demás con ellos mientras se acercan a sus metas?

- Inicie una conversación sobre los límites, y, cuando sea apropiado, comparta sus observaciones acerca de sus límites actuales.

Otras opciones para discutir incluyen:

- Discuta los impactos de ser responsable de las acciones y situaciones de los demás.

- Discuta los impactos negativos del no ser responsable de sus actos.

- Discuta el poder de establecer límites y respetarse a sí mismo lo suficiente para reforzarlos.

En resumen, creo que establecer y reforzar los límites es una manera de asegurarse de que su práctica de coaching prospere. Establecer límites personales y profesionales debe hacerse bien, de manera que usted pueda mantenerse como coach y pueda ayudar a aquellos a quienes imparte coaching a que avancen efectivamente.

Capítulo Dos

Los Ocho Bloques de Construcción del Coaching

Una de mis secciones favoritas en cualquier librería es la de "¿Cómo...?." Es increíble cuántos libros de "¿Cómo...?" hay, y el sinfín de temas que abarcan. ¿Cómo?: construir una cubierta, arreglar el auto, tejer, cocinar, encontrar su pareja ideal, etc.

Esta sección es su "Cómo" del coaching. En las próximas páginas, usted descubrirá las competencias y habilidades del coaching; les llamamos bloques de construcción. Estos bloques de construcción proporcionarán un marco para su coaching.

1. ESCUCHAR A FONDO

¡Todo coaching se inicia escuchando!

No siga leyendo hasta que realmente, REALMENTE entienda esto. Todo comienza con escuchar. Con demasiada frecuencia damos el escuchar por sentado. ¿Cuántas veces alguien ha intentado ayudarle ofreciéndole una solución sin antes escuchar cuál era su problema? Tienen buenas intenciones, pero realmente no son de ayuda. Hace años, tuve un médico que me escuchaba describir mis síntomas durante 13 segundos y luego comenzaría a caminar hacia la puerta, prescribiéndome antes de que siquiera hubiera terminado. Rápidamente aprendí el arte de estar parado en el marco de la puerta.

El coaching comienza con escuchar, escuchar a fondo. La calidad de nuestra escucha tiene una relación directa con la calidad de nuestro coaching. No podemos maximizar el potencial de otra persona o aprovechar su grandeza, si nosotros no la hemos escuchado.

Escuchar es uno de los mayores regalos que le puede ofrecer a otra persona. Escuchando de y por sí, proporciona enormes beneficios. Considere el siguiente caso de estudio:

> Nancy Kline proporcionó una oportunidad para que todos los miembros de un equipo directivo escucharan y fueran escuchados. El resultado divulgado fue un ahorro de tiempo del 62%. Esto se tradujo en 2.304 horas-gerente anuales. (Tiempo para Pensar: Escuchando para Encender la Mente Humana, PG. 70). Eso es el equivalente a persona de tiempo completo. ¿Piense lo que podrí hacerse con una persona adicional en un equipo!

¿Qué es escuchar? Escuchar es tener curiosidad acerca de la otra persona, trasmitirles que son valiosos e importantes. Escuchar es aquietar su propia "charla mental" para poder estar absolutamente presente con otra persona, es crear un lugar seguro para que alguien lo explore. NO se trata de dar respuestas, sino de EXPLORAR posibilidades. Cuando usted escucha intensamente, refleja, como un espejo, lo que experimentó de la persona. Es realmente "entender" a otra persona.

Y nótese que hay una enorme diferencia entre ESCUCHAR y OÍR:

- Oír es un proceso auditivo. Escuchar es un proceso intencional.

- Se oye con las orejas. Escuchar involucra todos los sentidos y el ser total.

- El oír incluye palabras, detalles e información. Escuchar agrega capas más profundas.

- El oír es saber sobre alguien. El escuchar es estar con alguien.

LEl escuchar es una habilidad que debe desarrollarse.

Los buenos coaches escuchan tan estrechamente, que las respuestas casi aparecen por sí mismas. La proporción ideal es escuchar el 80% del tiempo y responder el 20% del tiempo. Alguien me dijo una vez que palabras comprenden aproximadamente el 7% de lo que comunicamos. Los coaches saben esto. Por eso es que escuchan a múltiples niveles. Aquí hay un ejemplo de lo que el coach presta especial atención cuando escucha:

- Escuchar lo que dice la otra persona, así como lo que no está diciendo.

- Escuchar a fondo (escuchar a nivel interior).

- Escuchar para "entender" a la otra persona.

- Escuchar sin juzgar, criticar y sin ideas preconcebidas. Usted está creando un espacio seguro para que la persona comparta.

- Escuchar sin pensar en qué va a decir después.

- Escuchar los valores, frustraciones, motivaciones y necesidades.

- Escuchar la grandeza de la persona a la que le está impartiendo coaching.

- Escuchar si hay creencias limitadoras o falsas suposiciones. ¿Cómo cree realmente esta persona que el resultado o el futuro será?

- Escuche los deberías, deberés y debos. Son indicadores frecuentes de obligación y culpa frente a lo que realmente quiere la persona.

- Escuche lo obvio. ¿De qué no se está dando cuenta o no está viendo la otra persona?

- Escuche el tono, ritmo, volumen, inflexión y las palabras usadas frecuentemente. Además, tenga en cuenta cuando éstos cambien.

- Escuche el contexto más amplio.

- Escuche atentamente el final de las declaraciones. ¿Recuerda los viejos grifos con agua de pozo? Tenía que dejarles correr un rato antes de que saliera el agua buena. ¡Las mejores palabras a menudo salen de último también!

- Escuche sus propias reacciones mientras está escuchando.

Para ser capaz de escuchar a varios niveles, un entrenador debe tranquilizar su mente de cualquier charla mental o conversaciones internas. Debe crear un entorno físico que promueva la escucha profunda, atendiendo el espacio y el ritmo de vida y manejando su agenda y calendario. Los coaches se acostumbran a estar cómodos en el silencio, resistiendo el impulso para llenar el espacio. Cuando yo era un coach novato, un coach experimentado me dijo que escuchar a fondo es similar a pararse en una piscina. Para poder ver claramente el fondo, se debe estar quieto. Absolutamente quieto.

Pause por un momento y considere sus propias barreras potenciales a escuchar profundamente. ¿Cuáles son algunos pasos que puede tomar para enfrentar estos desafíos?

Aquí hay algunos ejercicios para mejorar su escucha:

- **Ponga la TV sin sonido.** Ya que la mayoría de lo que comunicamos es no-verbal, ¿por qué no silenciar la TV y pasar un buen rato tratando de adivinar qué están comunicando? Para realmente poner a prueba su capacidad, grabe la serie de televisión, véala sin sonido y luego véala otra vez con sonido.

- **Reflejando.** Haga pareja con un compañero, que cada persona tome su turno para hablar y escuchar. Cuando usted sea el oyente, escuche como si fuera un espejo. Refleje de vuelta lo que ha oído. Entonces pregunte: ¿Entendí bien? ¿Escuché correctamente?

- **Grabe una conversación.** Con el permiso de la otra persona, grabe una conversación en la que intencionalmente intente escuchar profundamente. Justo después de la conversación, anote lo que su escucha profunda le haya revelado. Luego regrese y escuche la grabación de la conversación. ¿Qué más ha escuchado? ¿De qué se perdió?

- **Practique la escucha selectiva.** Decida que para la próxima semana, usted va a ser selectivo en su escucha y realmente escuchará un elemento específico. Por ejemplo, usted puede elegir identificar los valores que escucha bajo las palabras de la gente. Usted puede escuchar sólo signos de frustración, o signos de grandeza. En el transcurso de la semana, preste atención a esa área seleccionada y entrénese usted mismo para escucharla. Fíjese cuando oiga el elemento claramente, ¿qué circunstancias hicieron esto posible en usted y en los alrededores? ¿Qué estaba pasando cuando le era difícil escuchar el tema?

Recuerde, los expertos en escuchar, escuchan con sus:

- **Oídos.** Escuchan las palabras habladas, así como el tono, ritmo, la modulación y la inflexión. Escuchan la esencia de lo que se dice.

- **Ojos.** La mayoría de nuestra comunicación es no verbal. Los grandes oyentes observan el lenguaje corporal del que está hablando.

- **Cuerpo completo y ser.** Los grandes oyentes se dan cuenta de cómo están recibiendo el mensaje. Ponen atención a lo que sucede dentro de ellos mientras escuchan.

2. PREGUNTAS PODEROSAS

En mis viajes recientes para ofrecer un programa de capacitación para coaching, escuché una declaración en la radio que me dejó frío: La historia cambió cuando una sola pregunta cambió; cuando dejamos de preguntar, "¿Cómo conseguimos el agua?" y empezamos a preguntar, "¿Cómo hacemos para traer el agua hacia nosotros?" ¡Que cambio tan radical para nosotros como seres humanos! Considere cómo se relaciona esto con nosotros como líderes e individuos en las organizaciones. ¿Cómo cambiarían nuestros equipos organizaciones si cambiamos nuestras preguntas?

Por ejemplo, aquí hay algunas de las preguntas que podría estar haciéndose ahora:

1. ¿Cómo hacemos que los clientes vengan a nosotros?

2. ¿Cuánto tiempo más podemos costear esto?

3. ¿Cómo hacemos que nuestros empleados accedan a esto?

Consejeros y líderes pasan horas, literalmente, en la pregunta #1, pero creo que si cambiamos esa pregunta, podríamos producir resultados completamente diferentes. Qué pasa si preguntamos, "¿Cómo podemos ir nosotros hacia nuestros clientes?" O, podríamos preguntar, "¿Cómo podemos tener un impacto positivo en nuestros clientes?

La pregunta #2 sugiere pensar en la escasez, centrándose en lo que falta en vez de lo que es abundante. Qué pasa si nos preguntamos, "¿Qué más se puede hacer con los recursos que tenemos?" O, qué pasa si vemos: "¿Cómo podemos desarrollar a la gente que tenemos para que puedan hacer una contribución más grande de forma que todos ganemos?"

En la pregunta #3, parece que estamos tratando de persuadir o incluso manipular a la gente a hacer algo que realmente no quieren hacer. Qué pasa si nos preguntamos: "¿Qué es lo que podemos hacer para lograr un mayor impacto y cómo podemos lograr más apoyo?" Las personas están felices de invertir tiempo, energía y recursos cuando ello también les resulta satisfactorio.

Le invito a escuchar las preguntas que usted y su equipo u organización se están haciendo. ¿Son limitantes, como nuestros ejemplos anteriores, o son poderosas? ¿Y cuál es la diferencia?

Una de las mejores herramientas de un coach son las preguntas poderosas. Las preguntas poderosas generalmente son preguntas abiertas que dejan espacio para la contemplación y la reflexión, en vez de limitarse a sí o no, o a decisiones específicas. Las preguntas poderosas promueven la exploración de nuevas posibilidades y estimulan la creatividad. Colocan al individuo o grupo en un lugar de responsabilidad. Empoderan a los individuos y grupos a considerar lo que es correcto para ellos.

Las preguntas poderosas nos abren a las posibilidades más allá de la realidad que está frente a nosotros hoy, estirándonos en el territorio de nuestras visiones para preguntar: "¿Cuál es la oportunidad para nosotros en esta situación?"

Las preguntas limitantes, por el contrario, podrían no ser preguntas en lo absoluto. Podrían sólo estar finamente enmascarando una declaración culpa, obligación o cargo de conciencia: Por ejemplo, "¿Por qué lo hiciste de esa manera?"

Aquí hay algunas muestras de preguntas poderosas para su consideración:

- ¿Cómo podría usted hacer un mejor uso de sus fortalezas personales?
- ¿Cómo podría hacer mejor uso de las fortalezas de su equipo y/o organización?
- ¿Qué clase de líder sería usted si lo moviera la pasión?
- ¿Cuál de sus roles podría estar haciendo otra persona y probablemente mejor que usted?
- ¿Qué es lo peor que podría suceder si usted hiciera menos?

¿Qué hace que una pregunta sea poderosa? Las preguntas poderosas:

- **Están directamente conectadas con la escucha profunda.** Desde el inicio de mi coaching creía que había sólo una pregunta correcta. Incluso me equipaba con una larga lista de preguntas que podría escanear mientras hacia el coaching. Lo que descubrí rápidamente fue que las preguntas más poderosas eran creadas en el momento y el poder de la pregunta estaba directamente relacionado con mi capacidad de escuchar profundamente.

- **Son Breves.** Van directo al grano. Puede ser difícil resistir la tentación de añadir una explicación u otra pregunta, en lugar de simplemente esperar que la persona responda.

- **Están libres de cualquier propósito oculto.** No guían ni son sugerentes. En la profesión de coaching nos referimos a las preguntas que guían como "sugestiones." Las preguntas poderosas ayudan a la persona o grupo que está recibiendo el coaching a avanzar en el camino del descubrimiento.

- **Son usualmente abiertas, promoviendo así la conversación.** En su mayor parte, las preguntas de si/no suelen causar una respuesta sí/no, lo cual obliga a finalizar la conversación. No promueven la conversación ni el pensamiento. Las preguntas poderosas promueven ambas, abriendo al coachee a una gama de posibilidades más completa.

- **Son aclaradoras.** Ayudan a aclarar y a frenar las respuestas automáticas. Los clientes de coaching me han dicho una y otra vez que aprecian cómo el coaching crea la oportunidad para que puedan hacerse a un lado, pulsar el botón de pausa, y discernir lo que realmente quieren.

- **Cambian de perspectiva.** Las preguntas poderosas nos invitan a cruzar al otro lado de la habitación y mirar lo mismo desde un ángulo o perspectiva diferente.

- **Son para el beneficio de quien recibe el coaching.** Recuerde que el coach no es el experto y no tiene que averiguar nada ni idear soluciones. Por lo tanto, nuestras preguntas deben estar diseñadas para ayudar al coachee a descubrir y desarrollar su propia perspectiva y sabiduría acerca de la situación.

Tipos de Preguntas Poderosas

Preguntas que ayudan a la persona a obtener perspectiva y entendimiento:

- ¿Cuál es la verdad sobre esta situación?
- ¿A quién le recuerda usted mismo?

* ¿Qué le mantiene despierto por la noche?
* ¿Hay algo más que sería importante que yo supiera?

Preguntas que evocan descubrimiento:

* ¿Qué es lo que realmente, realmente desea?
* ¿Qué es perfecto acerca de esto?
* ¿Cuál es el aspecto positivo que trae esto?
* ¿Qué información adicional necesita?
* ¿Cuánto le está costando esto?
* ¿Quién puede ayudarlo con esto?

Preguntas que promueven claridad y aprendizaje:

* ¿Qué pasa si las cosas son tan malas como dice que son?
* ¿Dónde está saboteándose a usted mismo?
* ¿Cuál es el costo de no cambiar?
* ¿Qué sigue?
* ¿Qué hay más allá de esto?

Preguntas que llaman a la acción:

* ¿Qué es posible hoy?
* ¿Qué tan pronto puede resolver esto?
* ¿A quién conoce que esté atravesando por algo así?
* ¿Cómo se ve el éxito?
* ¿Cuál es el primer paso? ¿Cuándo tomará este paso?

> "La gente recuerda las cosas que ellos descubren...aprenden y experimentan ellos mismos. Si desea que alguien digiera y recuerde algo... hágale una pregunta."
> ~ Dorothy Leeds, Smart Questions (Preguntas Inteligentes)

Al principio de esta sección sobre preguntas poderosas, usted leyó que la historia cambió cuando cambió una sola pregunta. Las preguntas son una poderosa herramienta a nuestra disposición. Una pregunta poderosa, nacida de la escucha profunda, puede cambiarlo todo. Cambie las preguntas, cambie su organización.

Las 10 Preguntas "Tope"

1. En una escala del 1 al 10, ¿cómo calificaría...?

2. ¿Cuál es la consecuencia de no realizar la acción?

3. ¿Cuál es la verdad sobre esta situación?

4. ¿Cuál es su visión?

5. ¿Qué hay atrás de esto?

6. ¿Qué sigue atravesándose en el camino?

7. ¿'Cuál es la solución más simple?

8. ¿Quién puede ayudarle con esto?

9. ¿En qué piensa cuando está perdido en sus pensamientos?

10. ¿Qué es lo que realmente, REALMENTE desea?

A continuación se muestran ejercicios, estrategias y ejemplos para desarrollar aún más su comprensión y uso de preguntas poderosas:

- **Escenario #1:** Su equipo de liderazgo ha sido incapaz de tomar medidas sobre algo decidido hace meses. Su equipo parece estar atascado en ese tema. ¿Qué preguntas poderosas podría hacerle?

- **Escenario #2:** Está diseñando un nuevo servicio y está buscando una respuesta específica de los accionistas clave. ¿Qué preguntas poderosas podría hacerles?

- **Escenario #3:** Está entrevistándose con un equipo que está teniendo problemas para trabajar unidos. Tienen una relación bastante sana pero están atrapados en este asunto. Varios miembros del equipo se culpan unos a otros. ¿Qué preguntas poderosas podría hacerle a este equipo?

Una queja común que escuchamos de los líderes se relaciona con la participación y la aportación de los miembros del equipo. Suelen preguntar "¿Cómo hacemos que las personas compartan sus ideas y comentarios en nuestras reuniones? Enviamos la agenda con suficiente tiempo de anticipación pero nadie parece venir preparado para discutir."

Un simple cambio al uso de preguntas en la agenda a menudo impulsa la discusión. En lugar de crear una agenda con temas para discutir, desarrolle un par de preguntas de su agenda original que pongan a pensar a la gente. Por ejemplo:

Agenda original:

1. Información financiera actual

2. Reporte del Equipo de Liderazgo

3. Temas del Equipo de Parámetros

4. Otras

Agenda revisada, con preguntas:

1. ¿Cuáles son algunas maneras con las que podríamos generar ganancias adicionales durante nuestros meses lentos de verano?

2. Necesitamos desarrollar una nueva estrategia de contratación y retención. ¿Quién tiene algunas ideas que pueda compartir con nosotros sobre esto?

3. Tenemos una tendencia sobre los últimos tres meses en los que no hemos llegado a los parámetros de satisfacción del cliente ¿Cuál es nuestro siguiente paso respecto a esto?

4. ¿Qué otros temas estaremos viendo hoy?

3. LENGUAJE INGENIOSO

Muchos de nosotros crecimos escuchando la declaración, "Los palos y la piedras pueden romper mis huesos, pero las palabras nunca pueden dañarme." ¡Nada podría estar más alejado de la verdad!

Nuestras palabras importan. Nuestro lenguaje puede proporcionar una plataforma que impulse a alguien cercano a alcanzar sus esperanzas y sueños. Al mismo tiempo, nuestro lenguaje puede reforzar las dudas y la limitante incredulidad, frustrando las esperanzas y los sueños. Piense en el lenguaje como un bisturí; en las manos del hábil y altruista, puede ser invaluable, mientras que en la mano del temerario o malicioso puede tener efectos devastadores o mortales.

El lenguaje es como el pincel en la mano de un coach; es el jardín de juegos de nuestro significativo trabajo.

Vamos a ver cuatro piezas de equipo en el jardín de juegos del coach:

- Nuestras palabras reales
- Las palabras que coinciden
- Distinciones
- Agradecimientos

Nuestras Palabras Reales

Pregúntese: ¿Cómo están resonando las palabras que escogí en la otra persona? En coaching, a menudo le llamamos a esto a cómo "cae" algo ¿Están fomentando mis palabras reales un ambiente seguro y acogedor que anima a la otra persona a profundizar por debajo de la superficie de los asuntos centrales? O, ¿Está la otra persona tan ocupada esquivando y esquivando las palabras mordaces que estoy lanzándole, que sólo puede decir "¡Ay!"?

En nuestras conversaciones diarias, las palabras a menudo contienen suposiciones, presuposiciones, juicios, manipulación y sugestiones. En las conversaciones de coaching, elegimos intencionalmente palabras que sean neutrales, no manipulativas y libres de ideas preconcebidas. Igualmente importante es el tono de voz. La misma palabra con un tono diferente puede ser recibida de manera totalmente diferente.

El Emparejamiento De Palabras Y El Lenguaje

Los coaches observan las palabras y frases de la otra persona. Cuando sea apropiado, un coach emparejará sus palabras y frases con las de la persona a la que le imparten el coaching e introducirá nuevas palabras o frases. Los coaches también prestar atención al ritmo y al patrón del lenguaje de la otra persona. Por ejemplo, cuando se les hace una pregunta, los introvertidos tienden a procesar primero y luego hablar, mientras que los extrovertidos tienden a procesar mientras hablan. El coach experimentado a veces emparejará con la otra persona para transmitir un sentimiento de aceptación; otras veces él cambiará el ritmo y el patrón intencionalmente para llamar la atención del coachee y señalarle algo.

El coach también está escuchando las palabras que puedan ayudar a la otra persona a aprender, describir sus valores y definir su realidad. Estas pueden ser muy útiles para facilitar un cambio. Estas son, a menudo, palabras populares o frases de la cultura pasada o actual. Pueden incluir TV, películas, música, metáforas, historias y citas.

Ejemplos de metáforas:

- La fruta no cae lejos del árbol.

- Romper el techo de vidrio.

- Nadar en un mar de opciones.

- Beber agua de un hidrante.

- Nadar sin ayuda de salvavidas.

- Parece que estás en un subibaja.

- No sirve saltar una brecha de 20-pies en dos saltos de 10 pies. (proverbio Americano)

Ejemplos de historias:

- El Traje Nuevo del Emperador y la importancia de decir la verdad.

- Forrest Gump: "La vida es como una caja de chocolates."

- La lección de Humpty-Dumpty, algunas cosas rotas no pueden volver a armarse.

Ejemplos de citas:

- "Y llegó el día cuando el riesgo de permanecer firmemente en un capullo fue más doloroso que el riesgo de florecer." —Anais Nin

- "Es terrible ver sobre tu hombro, cuando eres el líder, y descubrir que no hay nadie atrás de ti." —Franklin Delano Roosevelt

- "La mayoría de los líderes no necesitan saber qué hacer. Tienen que aprender a saber qué es lo deben dejar de hacer." —Peter Drucker

Ejemplos de la cultura popular de los medios incluyen:

- La canción "Don't Worry, Be Happy." (No te preocupes, sé feliz)

- "Estás despedido" del show de TV de Donald Trump *The Apprentice*. (El Aprendiz)

- El show de TV *Survivor* (Sobreviviente) y la frase: "Te vas de la isla."

- Un lugar donde "todo mundo sabe tu nombre," como se hace referencia en la canción del tema de la serie de televisión *Cheers*.

Distinciones

Las distinciones son dos palabras o frases cuyo significado es cercano, sin embargo, transmiten sutiles diferencias. Esas sutiles diferencias crean una nueva conciencia que es fundamental para impulsar el avance individual.

Considere la siguiente distinción y el sutil pero inmenso cambio que crea: definición por obstáculos versus definición por oportunidades:

- El definirse por los obstáculos significa que está definiendo quién es, y que basa las decisiones que toma en los desafíos que está enfrentando. Una vida definida por obstáculos es reactiva. Se aleja de alguien o algo.

- El definirse por medio de las oportunidades significa que está definiendo quién es, y que basa las decisiones que toma en sus oportunidades. No es que esté ignorando los obstáculos, simplemente ha decidido mantener la vista en el panorama completo: su visión. Se está moviendo hacia alguien o algo y es, generalmente, proactivo.

Distinciones adicionales:

- Perfección versus excelencia
- Sumar más versus sumar valor
- Vivir de manera genérica versus vivir estilo diseñador
- Trabajar duro versus producir resultados
- Uno/otro versus ambos/y
- Darle prioridad a lo que está en su agenda versus programar sus prioridades
- Hacer cosas poderosamente eficaces versus ser poderosamente eficaz
- Planear versus preparar

Las distinciones son una versión mucho más ligera de los "cambios" que ocurren cuando un coachee percibe la concientización creada en la sesión de coaching y la pone en acción. A continuación encontrará cinco cambios que los coaches podrían considerar para avanzar efectivamente en su desarrollo:

- De diagnosticar a desarrollar
- De hacer a empoderar
- De relatar a explorar

- De irracional a racional
- De excelencia a efectividad

Reconocimiento

A la mayoría de las personas, cuando se le pide que hagan una lista de sus debilidades y de sus fortalezas, les resulta más fácil enumerar sus debilidades. ¿Por qué? Muchas personas asumen

> "No existen expectativas de que seamos quien no somos. Hay expectative que seamos quienes somos."
> — Albert L.Winseman, et al, Viviendo sus Fortalezas

que "Si tan sólo pudiera arreglar mis debilidades o si tan sólo pudiera corregir lo que está mal en mí, ¡yo sería grandioso!"

Considere lo siguiente: La persona promedio, en un día cualquiera, tiene de 12.000 a 50.000 pensamientos por día. A la edad de ocho años, la mayoría de esos pensamientos son pensamientos negativos. (Por ejemplo, no soy lo suficientemente bueno. No puedo hacerlo. ¿Qué está mal conmigo?) Su organización y, de hecho, todo el mundo, está constituido por personas que ya se hablan a sí mismos con juicios y desaprobación.

El reconocimiento crea un ambiente de aceptación y de seguridad. Cuando las personas se sienten seguras y aceptadas, son más propensas a ser curiosas y explorar cosas nuevas.

Mencioné a Ben Zander anteriormente, el comprende la importancia del reconocimiento. Cuando utiliza su método de la "A" en su clase, no sólo se enfoca en la persona en la que se convertirán sus estudiantes, sino que también está reconociendo la grandeza en ellos y les invita a vivir en ella.

Las organizaciones efectivas realizarán la entrega de una "A," aprovechando genuinamente la grandeza de la gente. Imagínese si las organizaciones fueran reconocidas por entregar "Aes," en lugar de juicios.

O, si el enfoque de una organización cambiara de lo que no son a quienes sí son, además de en lo que se están convirtiendo. ¿Qué cambios ocurrirían? ¿Qué tan diferentes serían las organizaciones si los líderes se enfocaran regularmene en reconocer las fortalezas de sus empleados? ¿Qué tan diferente sería su organización si usted enfrenara la vida con la perspectiva de Ben Zander? ¿Qué cambios ocurrirían en usted, su familia y su esfera de influencia?

¿Recuerda el libro de Nancy Kline, Tiempo Para Pensar (páginas 62-64)? Leímos acerca de cómo la sociedad nos enseña que ser positivo es ser ingenuo y vulnerable, mientras que ser crítico es estar informado, apoyado y sofisticado. A muchas personas se les enseña que ser apreciado es una pendiente resbaladiza hacia la inmodestia bruta. Es como si, cuando escuchara algo bonito sobre usted mismo y no lo rechazara al instante, presto, se convirtiera en un ego maníaco fuera de control. Esto es ridículo.

En realidad, el cambio se realiza mejor en un amplio contexto de alabanza genuina, afirma Kline. La apreciación (lo que llamamos reconocimiento) es importante, no porque se sienta bien o sea bueno, sino porque ayuda a la gente a pensar por sí mismos cuando están en la parte crítica de un problema. Nuestra meta debería ser llegar a una proporción de 5:1 de agradecimiento versus crítica. Ser apreciado aumenta su inteligencia y le ayuda a pensar mejor.

4. ACCIÓN Y RENDICIÓN DE CUENTAS

Cuando comenzamos a explorar la acción y la rendición de cuentas, un participante en un evento de coaching declaró: "¡Finalmente, la parte buena!" Cuando le pregunté qué quería decir, me dijo que todo lo que habíamos discutido hasta ahora, aunque había sido información útil, no importaba realmente, a menos que la acción ocurriera. En muchos aspectos, él tenía razón. Una de las principales razones por las que una persona o un grupo deciden trabajar con un coach es porque quieren actuar y alcanzar sus metas.

La acción y el avance son, definitivamente, cosas buenas. Hay tres componentes en la acción y rendición de cuentas:

- Tormenta de Ideas
- Diseñando La Acción
- Seguimiento

Es realmente tentador en este momento del proceso de coaching, saltar y diseñar un plan de acción. Quiero que usted resista ese impulso y se tome unos momentos más para hacer una lluvia de ideas. ¿Por qué le estoy sugiriendo esto? La tendencia de nuestro coachee va a ser tomar medidas similares a las anteriores, si no las mismas acciones exactas. El problema es que esos mismos pasos de acción van a generar los mismos resultados!

Lluvia de Ideas

La lluvia de ideas le ayuda a ver lo mismo de manera diferente. La lluvia de ideas le permite al individuo a descubrir por sí mismo diferentes perspectivas y posibilidades. Se trata de distinguir entre los hechos y la percepción e interpretación, así como ganar claridad y definir el éxito.

Quiero que mis coachees tengan ese tipo de epifanías cuando hagamos lluvia de ideas juntos, antes de crear un plan de acción. Suelo empezar pidiéndoles que identifiquen un siguiente paso; lo que normalmente harían a continuación. Luego, les pido que pongan esa acción a un lado por el momento y que identifiquen otras 50 posibles acciones. La mayoría se ríe de esta solicitud. Muchos se quedan mudos. Yo vuelvo a formular mi solicitud y les doy algunas indicaciones, tales como:

- ¿Cuál es el paso más escandaloso que puede tomar?
- ¿Cuál es el paso más simple?
- ¿Quién podría ayudarle a generar más ideas para los próximos pasos?
- ¿Qué posibilidades ha desechado repetidamente?

Hace años yo impartí coaching a un líder para que definiera la visión de su organización. Su método usual de definir la visión era presentar la misma visión de forma convincente al inicio de cada año. Al preguntarle, el reconoció que este método entusiasmaba a las personas durante un par de días, pero no producía ningún progreso real.

Luego le pedí que apartara ese paso de acción de su mente y que durante las próximas dos semanas identifica otras 50 formas de definir la visión. En varias ocasiones afirmó que no sabía de ninguna otra. Le solicité repetidamente que realizara su lista.

Dos semanas más tarde volvió con una lista de 50 maneras de alcanzar la visión, y aquí es cómo lo hizo: La noche después de nuestra sesión de coaching, se fue con su equipo de liderazgo y les contó en forma de broma sobre la escandalosa petición que su coach le había hecho de escribir una lista con 50 maneras para definir la visión. Uno de los miembros del equipo se refirió en forma burlona a la canción de rock "50 Maneras de Dejar a tu Amante," y otro sugirió que podrían armar una canción con el título "50 Maneras de Definir nuestra

> Nada cambia, si nada cambia.

Visión" y presentárselas a los empleados en su junta anual de ventas. En los momentos siguientes, con la ayuda de su equipo de liderazgo, logro juntar sus 50 maneras de definir la visión. ¡Ahora estaba listo para diseñar el plan de acción!

Diseñando La Acción

En el contexto de la lluvia de ideas, un plan comienza a emerger. El plan incluye pasos específicos, medibles, alcanzables y con fechas límite. En la mayoría de los casos, el plan aborda tanto lo que tiene que hacerse como en lo que necesita convertirse para alcanzar su meta. Un compromiso, como el de "50 Maneras Para Definir Nuestra Visión," generalmente viene naturalmente y sin esfuerzo.

Algunas técnicas útiles para diseñar la acción incluyen:

- **Pasitos de bebé.** A veces la gente se inmovilizada cuando ve todo lo que tiene que suceder. Romper los pasos de acción en pasos más pequeños puede ayudarles a comenzar a tomar acción.
- **Planeación al revés.** Comenzar al final (el objetivo) y luego moverse hacia atrás y desarrollar pasos para llegar a la meta.
- **Reconocimiento.** Reconocer lo que se ha conseguido.
- **Creando estructura.** Identificar qué y quién mantendrá al cliente centrado en la tarea.
- **Haciendo una estrategia.** Considerar lo que podría descarrilar el progreso y diseñar medidas de acción de antemano.
- **Anclaje.** Recordar regularmente a la persona o grupo sobre la importancia de lo que están haciendo y dónde están en el plan.
- **"Días de Ataque."** Ayudándoles a forjar sólidos bloques de tiempo para hacer frente a todo lo que se está atravesando en el camino o lo que necesita hacerse para mantenerse en la tarea.
- **Identificar la acción diaria.** Esto ayuda a crear un movimiento diario y un impulso.

Algunas veces las formulas pueden ayudar. Considere el Modelo G.R.O.W. (Crecer, en sus siglas en inglés)

G	Goal (Meta)	¿Cuál es la meta?
R	Reality (Realidad) (Actual)	¿Cómo vamos?
O	Opportunities (Oportunidades)	¿Cuáles son nuestras oportuniades?
W	What (¿Qué?)	¿Cuál es el siguiente paso?

Seguimiento

En una relación de coaching en curso, hay oportunidades naturales para revisar el progreso actual y realizar correcciones de curso. En la mayoría de los casos, impartimos coaching a las personas dos veces al mes, eso significa que damos seguimiento dos veces cada mes. Solemos empezar cada sesión de coaching con preguntas como éstas:

- ¿Qué ha pasado desde la última vez que nos vimos?

- ¿Qué no sucedió que usted realmente pretendía que sucediera?

- ¿Qué se cruzó en el camino? ¿Cuáles fueron los desafíos?

- ¿Qué va a reportarme la próxima vez que nos encontremos, con respecto a esta acción?

- ¿En qué desea enfocarse hoy?

Observe que la rendición de cuentas es agradable, a medida que definimos la terminación. No hay juicio ni vergüenza involucrados. No hay culpabilidad ni manipulación. Esta rendición de cuentas sobre la marcha es una parte natural de la relación de coaching. Un pastor afirmó una vez que la rendición de cuentas es realmente sobre "goaltending" (atender las metas).

5. LA RELACIÓN EN EL COACHING

En bienes raíces, las tres cosas más importantes son: ubicación, ubicación y ubicación. También se puede afirmar que, en el coaching, las tres cosas más importantes son: relacionarse, relacionarse y relacionarse. La relación en el coaching es el vehículo de cambio y transformación.

Una forma de ver la relación en el coaching es como una danza. Vamos a usar el ejemplo de esa gran pareja, Fred Astaire y Ginger Rogers, para describir el baile de la relación de coaching. Considere a Fred Astaire como el coachee y a Ginger Rogers como el coach. Observe que Ginger hizo todo lo que hizo Fred (¡pero al revés y en tacones!), pero que ella toma su ejemplo de Fred.

Sigamos utilizando el ejemplo de la danza de coaching para comprender la manera única y hábil en la que un coach se relaciona. Fred y Ginger desarrollaron una seguridad y confianza que les permite acercarse el uno al otro. Un nivel de intimidad estaba presente, sin embargo nunca era violado. Esto les permitió "entenderse" mutuamente y casi anticipar los movimientos del otro.

Los coaches son capaces de ser totalmente espontáneos, estando también totalmente presentes y en el momento. Esta espontaneidad total implica un conocimiento que está más allá de lo que es típicamente o racionalmente, conocido y observado. Es similar al atleta que puede anticipar donde será lanzada la pelota, antes de que se lance.

Los coaches novatos nos preguntan a menudo cómo desarrollar más presencia como coach, un nivel más profundo de conocimiento. No hay atajos para desarrollar un nivel más profundo de conocimiento. Todo comienza con la escucha profunda. Practique la escucha y luego practíquela una y otra vez. Desarrolle y utilice preguntas poderosas y tome decisiones ingeniosas con el idioma. Aquí están algunas herramientas adicionales que han ayudado a otros a los que he impartido coaching:

- **Tomar notas.** El acto de escribir ayuda a muchos a ir más profundo. Anote lo que está notando en la sesión de coaching. Recuerde, la escucha profunda utiliza los ojos, así como las orejas. El reto de tomar notas es hacerlo de tal manera que mejore, más que no interfiera con su escucha profunda.

- **Cuidado propio.** Es difícil ir más profundo cuando apenas está medio llevando su vida. Como nos dicen en los aviones, póngase usted primero la máscara de oxígeno antes de ayudar a los niños. Similarmente, cuídese usted antes de intentar ayudar a otros.

- **Revise su coaching.** Realice una grabación de una sesión de coaching y luego revísela. Luego llévelo un paso más lejos y pídale a su coach mentor que lo revise y que le de retroalimentación, específicamente sobre su presencia como coach.

- **Silencie su mente.** Intencionalmente tranquilícese usted mismo antes y después de una sesión de coaching. Luego pase algún tiempo reflexionando después de la sesión en qué fue lo que sí le funcionó y lo que podría hacer de manera diferente en su próxima sesión.

- **Riesgo.** Comparta sus corazonadas, presentimientos o sensación interna. Introduzca su corazonada diciendo algo como: "Me gustaría arriesgarme por un momento y, podría estar totalmente equivocado, pero esto es lo que estoy pensando (o dándome cuenta)..."

- **Escuche desde el corazón en vez de desde la cabeza(o vice-versa)** Sea intencional en el cambio del intelecto a intuición. Solicite que la persona a la que le está dando el coaching también salga de su cabeza y escuche desde el corazón. Pregúnteles "¿Qué siente su cuerpo ahora? ¿Qué podría estar tratando de decir su cuerpo?"

Volvamos a Fred y Ginger para otro componente único de la relación de coaching. Tenga en cuenta que Fred y Ginger no están tratando de corregir o juzgar los pasos mientras bailan. Hay un respeto por el nivel de las habilidades y competencias del otro. Cada uno tiene su experiencia, fortaleza y regalos únicos. Y la forma en que se relaciona mutuamente potencializa las cualidades del otro. En la pista de baile aprovechan cada uno la grandeza del otro.

¿Cómo explotar la grandeza de la otra persona o de un grupo? Un recurso para explorar es mi libro electrónico, la Iglesia E3-: Liderazgo Empoderado, Eficaz y Empresarial que Mantendrá su Iglesia Viva, el cual tiene un capítulo dedicado a este cambio de diagnóstico a desarrollo.

En su trabajo diario y vida personal, practique escuchar intencionalmente los signos de grandeza. Al principio probablemente notará cuánto más fácil es diagnosticar, y con qué frecuencia no ve la grandeza. Sea amable con usted mismo, la mayoría de los líderes de hoy, remunerados y no remunerados, han recibido capacitación formal e informal para diagnosticar problemas. Con el tiempo, usted también comenzará a notar esos momentos de "desarrollo."

A continuación, comience a decirles a otros acerca de la grandeza que observa en ellos. Pueden descartarla o descalificarla. Dígaselos de todos modos, porque lo importante es el cambio que usted haces en cómo se relaciona con ellos, como una persona o equipo entero y completo. Eventualmente, como Ginger y Fred, usted podrá aprovechar la grandeza de los demás con facilidad y gracia. Y usted también notará que su nueva forma de relacionarse será un imán para atraer a la gente hacia usted y a hacia su organización.

Una relación de coaching positiva aumentará la probabilidad de que su coachee tenga éxito. Puesto que se relacionan bien con usted, son más propensos a explorar más y a tomar más medidas, además de que se adherirán a su plan de acción por más tiempo.

6. EL CONTRATO DE COACHING

Como líderes, a menudo nos encontramos en la necesidad de decir, "Si necesita algo de mí, por favor dígamelo. Yo no sé lo que necesita o desea, sólo puedo adivinar lo que necesita y desea. Y no soy un adivino."

Lo mismo es cierto para los coaches; no leemos la mente y por eso tenemos un contrato de coaching. Un contrato de coaching es una manera de definir los requisitos y procesos detrás de la relación de coaching. El contrato de coaching cubre la mayoría de las conjeturas del coaching y hace posible que el coach siga al coachee y no al revés.

Mientras que los coaches más novatos consideran el acuerdo de coaching como un proceso de una sola vez, los coaches experimentados entienden la naturaleza permanente del contrato como coach y que en el mismo hay tres partes:

- El contrato inicial
- El contrato en curso
- El proceso de evaluación

El contrato inicial de coaching define los términos de la relación de coaching por escrito; por ejemplo, honorarios, horarios, responsabilidades y expectativas del coach y el coachee. Aun si usted es un coach interno, le recomendamos que realice un contrato de coaching que defina las expectativas. El contrato de coaching articula lo que es y lo que no es el coaching, y esclarece las necesidades del coachee y por qué quiere trabajar con un coach. Usualmente sostengo una conversación con el coachee para preguntarle cosas como "¿Qué quiere ser capaz de decir dentro de tres meses, que no pueda decir hoy?" Esto ayuda a ambos, al coach y al coachee, a esclarecer el resultado deseado.

El contrato de coaching en curso incluye:

- Ayudar al coachee a aclarar en qué se quiere enfocar en cada sesión de coaching en particular, así como lo que quiere aprender.

- Mayor clarificación y exploración de lo que el cliente está aprendiendo de la sesión de coaching.

- Mantener los resultados deseados iniciales y las metas que los llevaron al coaching junto al actual enfoque/aprendizaje. Debido a que el coaching se centra en el descubrimiento y no en los resultados, las nuevas perspectivas necesitan ser continuamente integradas al contrato de coaching.

El tercer componente del contrato de coaching es el proceso de evaluación. Esto con frecuencia incluye correcciones de curso, o puede también implicar un cambio dramático en el resultado global deseado. Con frecuencia hago preguntas tales como:

- ¿Cómo vamos?

- Basado en nuestro coaching hasta la fecha, ¿cuál es su visión en curso, en desarrollo?

- En una escala de 1 a 10, califique el progreso general que ha hecho. ¿Qué se necesita para subirlo varios niveles?

- ¿Qué más necesito saber acerca de usted, sus preferencias de aprendizaje o pasado para acelerar su progreso?

- ¿Dónde está apareciendo el auto-sabotaje?

- ¿Qué apoyo adicional es necesario?

- ¿Qué me reportará la próxima vez que nos reunamos?

Un error frecuente de los coaches novatos es que se mueven rápido a través del contrato de coaching, tan rápido como dos a cinco minutos. He descubierto que mientras más claro esté el contrato para el coachee y el coach, mejor es el resultado. No es inusual para mí pasar la mayor parte de una sesión de coaching en esta área, de 15 a 20 minutos. Aquí hay preguntas y declaraciones que ayudan a mi coachee y a mí a afinar nuestro contrato de coaching y a evaluar el proceso de coaching:

- Cuénteme más. Debido a que la gente está tan ocupada, rara vez tienen tiempo para pensar y hablar. Es extremadamente beneficioso proveer espacio intencionalmente para que las personas hablen más. Una y otra vez escucho a los coachee ensalzar los beneficios de "aclarar las cosas."

- ¿Qué es lo único que necesito saber para instruirle mejor en el coaching? Esto ayuda al coachee a enfocarse aguda y selectivamente acerca de compartir lo que es absolutamente crítico para su progreso en general.

- Teniendo en cuenta todo lo que tiene en el plato ahora, ¿es este asunto/tema más importante? (y si no, ¿cuál es?) Asimismo, esta pregunta ayuda al coachee a perfeccionar en los temas y problemas que contribuirán más a su éxito y satisfacción general.

Este escenario de coaching le ayudará a entender más el contrato de coaching:

Steve es el fundador y líder de una compañía en crecimiento. Actualmente tiene 22 empleados a tiempo completo en su equipo de ministerio. Con frecuencia él describe a su equipo como una familia. No es inusual para Steve "ir más allá" y romper las reglas para miembros individuales de su equipo, porque los considera su familia. Le resulta difícil despedir incluso al peor de los funcionarios del ministerio, porque le preocupa mucho su bienestar.

La visión de Steve es crecer a una organización global. Él cree que puede hacer esto en los próximos tres a cinco años. Además de implementar esta visión global, también le gustaría pasar menos tiempo en la iglesia y disfrutar más la vida. Su gran sueño es tomarse todo el año y dejar que su grupo de liderazgo lleve a cabo la implementación del plan.

Steve ha creado un plan estratégico y pasos para avanzar hacia su meta. Está progresando moderadamente. Se está dando cuenta de que su actual equipo de liderazgo está desacelerando las cosas. También está frustrado de que su "familia de la compañía," no comparte su entusiasmo por su visión. Steve contrató inicialmente a un coach para ayudarlo a implementar el plan del ministerio de múltiples sitios, con especial énfasis en cómo puede potenciar y equipar al equipo del ministerio para liderar el plan de implementación.

Durante una reciente sesión de coaching, Steve expresó su frustración sobre su visión y su "familia de la compañía " y luego hizo la siguiente declaración acerca de sí mismo, "Tal vez soy el único que está reteniendo esta visión. Parece que todas las piezas están ahí, pero tal vez hay algo que necesita cambiar en mí".

En sus palabras, describa el enfoque de esta relación de coaching (como puede haber sido determinada en el contrato inicial de coaching).

¿Cuáles son los nuevos descubrimientos de Steve? ¿Qué otros nuevos descubrimientos ve usted adelante de Steve?

¿De qué manera estos nuevos descubrimientos impactarán el contrato de coaching?

¿De qué manera permanecerá igual el contrato de coaching?

Después de escuchar la declaración de Steve, "Tal vez soy el único que nos detiene," ¿cómo impartiría usted el coaching a Steve?

7. CREANDO UNA NUEVA CONCIENCIA

La lluvia de ideas es una excelente manera de explorar nuevas maneras de hacer las cosas. Crear conciencia va un paso más allá y explora nuevas formas de ser, así como de hacer. Es como trabajar las placas dentro de la tierra, que resulta en elevaciones y cambios importantes.

Aquí hay varios ejemplos de cómo crear una nueva conciencia:

- Considere esta afirmación de un líder a quien he impartido coaching: "Soy una persona introvertida y todo el mundo sabe que los introvertidos no son buenos líderes." Ninguna acción daría lugar a un cambio duradero. Este pastor necesitaba ir más profundo y crear una nueva conciencia de sus fortalezas

- Considere el equipo de liderazgo que fracasó parcialmente cuando atravesaba de un proceso de visión. El coach lo intentó todo para conseguir que se movieran, y luego, finalmente, preguntó lo que estaba sucediendo. Después de lo que pareció ser una eternidad de silencio, uno de los líderes claves finalmente respondió que ellos habían llegado a este punto en dos ocasiones anteriores en los últimos cinco años y, en cada caso, su pastor se había adelantado en el proceso antes de que los proyectos se hubiesen terminado. Casi antes de que terminaran de hablar el equipo tuvo un importante "¡a-ha!" Acogieron su nueva conciencia y comenzaron a avanzar.

- Considere la percepción que lanzó mi carrera como coach a tiempo completo. Como un coach a tiempo parcial, el crecimiento de mi negocio se retrasaba por la creencia de que yo nada más era un pastor y nadie contrataría a un pastor como su coach. Cuando mi coach me ayudó a verbalizar esta creencia limitante, creó una percepción de la verdad de que mis clientes ideales me buscarían y me contratarían precisamente porque yo soy un pastor.

Crear una nueva conciencia es como levantar las persianas y dejar que entre la luz de la información adicional, perspectiva e intención. Se fomenta una nueva conciencia cuando se estimula la curiosidad, se plantean preguntas esclarecedoras para llegar más profundamente, las suposiciones y creencias pueden ser articuladas y verificadas. Se crea nueva conciencia cuando ayuda a los que imparte coaching a que consideren una perspectiva diferente, intencionalmente, y que estén abiertos a otras formas de visualización e interpretación de la misma situación.

El facilitar una nueva conciencia sucede cuando ocurre lo siguiente:

- **Escuchar contextualmente.** El coach considera y explora los diversos contextos de la persona a la que se le imparte el coaching (por ejemplo, el plan global, la persona total, experiencias previas y los valores de la persona).

- **Piezas faltantes.** El coach ayuda a las personas y a los grupos a ver y a decir lo que ellos no pueden ver o decir. Debido a que el coach está escuchando en múltiples niveles, el descubre los valores subyacentes, la motivación, grandeza, frustración, etc. Simplemente ser un espejo y sostenerlo frente al otro para que vea lo que estamos observando, crea una nueva conciencia.

- **Perforar hacia abajo.** Al igual que las capas de una cebolla, el proceso de coaching pela las capas y llega a las cuestiones fundamentales.

- **Escuchar en busca de pistas.** Un coachee siempre está ofreciendo pistas sobre él mismo. Aquí están algunas preguntas poderosas que descubrirán pistas importantes:

  - ¿Qué tipo de problemas y crisis continúa atrayendo?

  - ¿Qué sigue haciendo que limita su éxito?

  - ¿Qué pensamientos están sonando repetidamente en su cabeza?

> "El rango de lo que pensamos y hacemos está limitado por lo que no vemos. Y precisamente porque no lo vemos, no podemos hacer mucho para cambiar, hasta que notamos cómo el no verlo, forma nuestros pensamientos y voluntad."
> – R.D. Lang

Creencias Limitantes Y Las Falsas Suposiciones

Una de las más poderosas formas de crear conciencia en una relación de coaching es ayudar al coachee a identificar y transformar sus creencias limitantes y sus falsas suposiciones.

Utilice la siguiente lista para ver si reconoce algunas de las suyas:

- Tengo que tener todas las respuestas.
- No tengo otra opción.
- No tengo ningún poder.
- No puedo liderar.
- El cambio siempre es difícil.

- No es posible.

- Lo que no nos mata, nos hace más fuertes.

- La paz siempre es mejor que la honestidad.

Enumere tres de sus creencias limitantes:

1. _____

2. _____

3. _____

Enumere tres de sus falsas suposiciones:

1. _____

2. _____

3. _____

Las creencias limitantes y las falsas suposiciones pueden ser muy simples, pero muy perjudiciales. En su libro Tiempo Para Pensar, Nancy Kline ofrece un método simple pero profundo para tratar de limitar las falsas suposiciones y creencias. Uno de sus consejos es ayudar a su coachee a articular el "opuesto positivo" de su creencia limitante o falsa suposición. Esto es a menudo una tarea difícil para un individuo o equipo, pero presiónelos para articular el contrario positivo de su rocosa suposición. Una vez articulado, pídales que lo escriban, que hagan una lluvia de ideas respecto a cómo actuar en ello, y luego apóyelos cuando lo pongan en acción.

8. COMUNICACIÓN DIRECTA

Si pasa tiempo con un coach experimentado, usted notará la forma magistral en la que se comunica. Por ejemplo, casi nunca escuchará divagar a un coach experto. La mayoría de los coaches experimentados son claros, concisos y atinados con sus palabras, ofreciendo una pregunta o declaración a la vez.

Otra característica es su comodidad con el silencio. No hay ningún intento de llenar el espacio; por el contrario, se demuestra un uso apropiado del silencio y las pausas. Y los coaches dicen la verdad. Ellos no se guardan nada de lo que necesite ser dicho, aunque eso no siempre sea lo más agradable de escuchar o lo más cómodo de decir.

Los coaches experimentados son directos en su comunicación, utilizando un lenguaje que tendrá el mayor impacto positivo en la persona que recibe el coaching. Cuatro de las técnicas de comunicación directa más importantes son:

- Interrumpir
- Aconsejar
- Dirigir
- Dar Mensajes

Interrumpir

La mayoría de nosotros ha experimentado las interrupciones que distraen o molestan, pero interrumpir eficazmente es verdaderamente un arte. Como una habilidad del coaching, el interrumpir magistralmente tiene grandes beneficios para el coachee, llevándolos de vuelta a la tarea, o ayudándoles a "llegar a la base" (llegar al punto).

Los coaches interrumpen dentro de un ambiente de confianza e intimidad, en el cual el coachee confía en la habilidad del coach y sabe que él tiene su mejor interés en mente. La interrupción puede provenir de la escucha profunda, como un medio de llegar a algo más profundo que necesita ser dicho. Interrumpir es una plataforma desde la cual se catapulta al coachee hacia adelante.

Durante mis sesiones de coaching iniciales con nuevos coachees, es parte de nuestro acuerdo inicial el que me den permiso para interrumpirlos, cuando proceda. Tener ésta conversación al inicio de la experiencia de coaching ayuda al coachee a esperar las interrupciones y a verlas desde una luz positiva.

Aquí hay varias maneras en las que podemos interrumpir a alguien mientras le impartimos el coaching:

- Diga su nombre y pídale permiso, por ejemplo, "(nombre), ¿puedo interrumpirle?"
- Interrumpa con, "Vamos a ponerle pausa a ese pensamiento por un momento," o "Me gustaría participar por un momento".
- Descríbalo para ellos, por ejemplo, "(nombre), esto es lo que estoy escuchando..."

Aconsejar

Uno de los mitos del coaching es que los coaches nunca dan consejos. ¿Es eso un mito? Déjeme explicarle. En primer lugar, el coach quiere aprovechar la experiencia de la persona que está recibiendo el coaching. ¡Entendido! Y también hay veces cuando el coach tiene conocimientos y experiencias que pueden tener un impacto positivo sobre el avance del coachee. Durante el taller de una conferencia de la International Coach Federation, el presentador afirmó que el #7 en la lista top 10 de lo que las personas quieren en un coach, es un consejo. Los calificativos son que quieren consejos de su coach *cuando corresponda y cuando se le pida.*

El problema de dar consejos es que la mayoría los ofrece en maneras que son debilitadores para otros. Tienen que desaprender cómo *dar consejos* y luego reaprender a *aconsejar.* Yo sugiero que los nuevos coaches se abstengan completamente de ofrecer asesoramiento, al menos por un tiempo. Una vez que han aprendido cómo realizar coaching efectivamente sin dar consejos, pueden empezar a incorporar consejos en su coaching cuando corresponda y cuando se le pida.

Tenga en cuenta las siguientes sugerencias cuando ofrezca consejos:

- Escuche profundamente. Escuche todo lo que la persona tiene que decir.
- No ofrezca consejo hasta que usted haya pensado si y cómo éste podría ser malentendido.
- No ofrezca consejo hasta que haya oído todos los hechos.
- No olvide que es tan SÓLO UN CONSEJO; no es la cura para el calentamiento global.
- Ejemplos:
  - Aquí está lo que yo he visto que funciona. Dígame si parece que vale la pena experimentar con ello. .
  - Es una pregunta difícil. Esto es lo que le aconsejé a otra persona y esto es lo que pasó.

Dirigir

Dirigir es una técnica para la reorientación o dirección de la persona o grupo hacia sus objetivos. Esta es útil para el coachee que con frecuencia se va por la tangente o fácilmente pierde de vista el panorama global.

Ejemplos de Dirección:

- Espere un momento, vamos a hablar de...
- En las últimas semanas nos hemos enfocado en ABC ¿No es hora de pasar a XYZ?
- ¡Felicidades! Vamos a seguir adelante.

Dar Mensajes

Dar mensajes es una "verdad" que, si escucha, ayudará a la otra persona a comprender y a actuar con más rapidez. Es una "mezcla" de reconocimiento y aprovechamiento de la grandeza de la persona.

Ejemplos de dar mensajes incluye:

- Dígales quiénes son. "Usted es una persona que es..."
- Reconozca lo que han logrado. "¡Vaya!. Mire lo que ha logrado. ¡Felicitaciones!"
- Dígales lo que sigue. "Probablemente necesita empezar a concentrarse en ABC, porque ya concluimos XYZ."
- Dígales lo que usted quiere para ellos. "Lo que quiero para usted es..."

Capítulo Tres

Escenarios Comunes de Coaching para los Líderes de Hoy

Este capítulo está diseñados para proporcionarle una comprensión básica de nueve situaciones comunes experimentadas como coach en varios entornos. Mientras que el coaching que le impartimos a cada individuo o grupo es único, hay temas y estrategias comunes.

Algunos Comentarios Generales Sobre Este Material de Recurso

- El propósito de este módulo no es encasillar a aquellos a quienes está proporcionando el coaching o ponerlos en una categoría "talla única." Nuestro propósito es proporcionarle herramientas útiles y perspectivas para el coaching en varios escenarios del ministerio.

- Este material pretende ser una guía de recursos para ayudarle a identificar y entender las necesidades comunes y los resultados en varios escenarios del ministerio.

Los ocho escenarios comunes de coaching que abordaremos incluyen:

1. Coaching a una pareja de esposos

2. Coaching para vivir sanamente

3. Coaching al CEO y al Ejecutivo

4. Coaching al que está cambiando de trabajo

5. Coaching a los que están siendo promovidos

6. Coaching a la conducta de sabotaje

7. Coaching al líder no remunerado

8. Coaching para desarrollo de liderazgo

Escenario ·#1: Pareja de Esposos con Hijos Adultos Viviendo en Casa

Sue y Clark han estado casados por 25 años. Tienen dos hijos adultos, John (24 años) y Karen (23 años). Cuando John y Karen se graduaron de la escuela secundaria y fueron a la Universidad, la transición para Sue Clark fue bastante suave. Los veranos en la casa, además de los otros feriados de la escuela fueron siempre momentos felices para los 4 adultos de esta familia.

Ahora John y Karen se han graduado de la Universidad y ambos viven en casa con sus padres, Sue y Clark. John ha sido incapaz de lograr conseguir un trabajo en su campo y actualmente trabaja en McDonalds. Karen ha tenido la suerte de encontrar un empleo en su campo, pero la paga es muy baja. Actualmente, es incapaz de mantenerse sóla financieramente. John y Karen están muy frustrados de tener que vivir en su casa.

Sue y Clark quieren ser solidarios y ayudar a sus hijos. Aunque reconocen que muchos graduados de la Universidad terminan para en esta misma situación, también están sintiendo el estrés de tener 4 adultos viviendo juntos en la misma casa. Todo el mundo está haciendo su mejor para hacer que las cosas funcionen, y los niveles de estrés son altos.

Sue y Clark han notado que últimamente discuten mucho más. Les preocupa que dentro de algunos años sus hijos vean hacia atrás en este momento de sus vidas y sientan remordimiento hacia sus padres. Sue y Clark han contratado un coach de vida para ayudarles a solucionar las cosas y para revisar sus preocupaciones a largo alcance

¿Cuáles son los temas claves que Sue y Clark están abordando?

- Una cuestión clave sería ayudar a esta pareja obtener mayor claridad sobre lo que es el verdadero problema, así como identificar su objetivo común.
- También sería importante explorar las expectativas que cada miembro de la familia trae a este escenario.
- La participación de los hijos adultos en esta conversación resulta realmente necesaria..

¿Qué peticiones les haría individualmente? ¿Y como pareja?

- Les pediría que, como pareja, involucraran intencionalmente a los niños adultos en esta conversación
- Además, también les pediría tanto individualmente como en pareja, que Sue y Clark identificaran su visión para con su matrimonio y su familia.

¿Cómo impartiría usted coaching a Sue y Clark?

- Les ofrecería coaching individual y de parejas.
- Como se indicó anteriormente, también recomendaría que toda la familia participe en el proceso de coaching.

- Una estrategia sería: ¿Qué podemos hacer ahora mismo?, ¿esta semana? ¿Cuál sería el paso más simple?

¿Cuáles herramientas y recursos utilizaría con ellos, si es que elige utilizarlas?

- Haría que cada persona completara el ejercicio de la rueda. Después de que Sue y Clark hubiesen identificado las 8 áreas clave de su relación, les haría que completaran la rueda de forma individual y luego compartir sus resultados con los demás. Este ejercicio serviría para ayudarlos a identificar áreas clave de entrenamiento.

Escenario #2: Brad, de 49 Años, Desea Perder Peso y Vivir una Vida Más Saludable

Brad tiene 49 años y recientemente ha decidido que quiere perder peso y ser mucho más saludable. Durante sus años 20 y 30 fue muy activo, jugaba varios deportes y hacía entrenamiento con pesas. Hace varios años, al recibir una importante promoción en su trabajo, se hizo muy sedentario. El resultado es que ha subido 75 libras y sufre de fuertes dolores de cabeza y espalda.

Hace varios meses, su doctor le dijo que lo único malo con él era su peso, y que ahora era el momento para volver a estar activo físicamente, antes de que se desarrollara cualquier problema importante de salud. Brad ha intentado en varias ocasiones hacer ejercicio y comer bien. Él logra tener éxito hasta que el nivel de estrés en su trabajo aumenta. Y luego las libras empiezan a acumularse de nuevo.

Brad ha contratado a un coach para que lo ayude a practicar una vida más saludable.

¿Cuáles son las cuestiones claves que Brad está abordando? ¿Qué peticiones le haría?

- El problema real no es el peso. El peso es la cuestión que se presenta. Yo querría saber más y le preguntaría cuál es el problema real.

- Es importante notar que el asunto en el que la persona quiere recibir coaching puede no ser el problema real.

¿Cómo impartiría coaching a Brad?

- En un intento de comprender el panorama y el verdadero problema, le pediría a Brad que hable de otros temas similares a su desafío con el peso.

- La mayoría de coaches de la salud se ocupan de toda la persona. El entrenador de salud verá que no es una cuestión de salud, sino que es otra cosa. Preguntaría: ¿Cómo quiere pasar sus próximos 50 años?, ¿qué desea poder decir acerca de usted en los próximos años?

¿Qué herramientas y recursos utilizaría con él, si es que decide utilizarlos?

- Brad sería un gran candidato para los 10 hábitos diarios, para ayudarle a sentirse mejor y reducir el estrés. Esto podría darle opciones para no asomarse a la nevera.

Escenario #3 - Carol - Gerente General Organización - Global

Carol se quemó en su actual cargo como Gerente del quipo global de instructores de Desarrollo Organizacional. Ha trabajado en esta posición durante 10 años. Debido a la estructura global, el trabajo de Carol requiere muchas horas extras cada semana, fuera del horario normal de los Estados Unidos, para apoyar a los miembros de su equipo en otros países. Además, recientemente desertó un compañero que solía liderar el equipo de Desarrollo de Currículo y Carol está llevando ese equipo en el ínterin. El resultado es que tiene poco tiempo o energía para desarrollar a su equipo o para trabajar hacia los objetivos estratégicos del mismo, y será responsable de ambos cuando lleve a cabo su evaluación del desempeño, al cierre del ejercicio. Además, su vida personal es prácticamente inexistente, ya que no tiene tiempo para la familia o sus amigos. Las quejas de Carol son que ella ha perdido la pasión por su trabajo, se siente abrumada y en general su vida carece de diversión. Ella está considerando dejar la posición.

Al mismo tiempo, Carol no está segura de poder encontrar otra posición que le permita tanta flexibilidad, autonomía y la capacidad para trabajar desde casa. Ella es, en muchos sentidos, su propio jefe.

A pesar de sentirse abrumada y carente de pasión y diversión, Carol está considerando buscar un trabajo en otra organización. Ella reconoce que está llena de contradicciones y parece incapaz de tomar una decisión con respecto a toda esta situación. ¿Cómo impartiría usted el coaching a Carol?

¿Qué es lo positivo que hay en Carol? ¿Cuáles son sus fortalezas?

- Ella se dedica realmente a lo que hace y es muy respetada. También tiene una gran capacidad de liderazgo.

- Es respetada, responsable y un líder excepcional.

¿Qué preguntas le haría a Carol?

- ¿Qué es posible hacer aquí?

- ¿Cuál es la manera más simple de moverse hacia adelante?

- ¿Cuál sería el paso más extravagante que podría dar?

¿Cuáles son algunas de las peticiones que anticipa hacer?

- Quiero que ella misma se dé permiso para explorar nuevos puestos de trabajo, así como para establecer límites más fuertes en su trabajo actual.

- Puesto que de muchas maneras que ella es su propio jefe, es responsable de cómo usa su tiempo y en qué se enfoca. Le pediría que requiriera de ella lo mismo que requiere de aquellos a quienes supervisa.

- También le pediría que empezara divertirse, aún si tiene que hacer tiempo específico en su agenda.

Escenario #4: Bob – Vicepresidente de Entrenamiento y Calidad

Bob ha sido Vicepresidente de Entrenamiento y Calidad durante dos años en la Organización ABC. Cuando Bob llegó por primera vez a ABC, comenzó a implementar un nuevo enfoque de calidad, diseñado para mejorar la interacción con el cliente. El enfoque de Bob para desarrollar un fuerte proceso de calidad fue desarrollar parámetros de servicio además de entrenar y desarrollar a los empleados en apoyo de esos parámetros. Además, pidió que los supervisores y gerentes del equipo de operaciones que escucharan dos llamadas estandarizadas al mes, por cada miembro del equipo. Al principio se enfrentó a un poco de oposición, especialmente del VP de operaciones en la región sureste. El precursor de Bob no había solicitado que el equipo de operaciones fuera parte del proceso de calidad. En este punto, la calidad el cliente no ha evolucionado como Bob había anticipado y el VP de Operaciones se está cuestionando si sus supervisores tienen tiempo suficiente para evaluar dos llamadas mensuales por miembro del equipo. El equipo de calidad está encontrar varias maneras de mejorar el proceso e impactar positivamente al cliente y los resultados de satisfacción al cliente están mejorando drásticamente. Bob cree que es imperativo que el equipo de operaciones esté apoyando activamente estos esfuerzos para que la calidad y la satisfacción del cliente mejoren.

La última conversación que Bob tuvo con los tres Vicepresidentes de Operaciones fue difícil. Al concluir la reunión, el Vicepresidente de Operaciones de la región sureste indicó que no participaría más en el proceso. Bob se siente seguro sobre su proceso de calidad y tiene los datos para respaldar su argumento y seguir adelante con este proceso por lo menos durante otros seis meses y estudiar así los resultados sobre un ciclo de 12 meses. Bob ha solicitado una reunión con el director de Operaciones y los tres Vicepresidentes de Operaciones para tomar una decisión final sobre el proceso de calidad.

Bob cree que este proceso de calidad es la mejor manera de hacer subir el indicador de la satisfacción del cliente, él lo ha visto trabajar en otra organización donde dirigió los esfuerzos de calidad, y está viendo un éxito incremental en ABC. Sabe que la próxima reunión va a ser difícil y que necesita mantener la relación con los VP de operaciones. A medida que la reunión se acerca, se pregunta si tal vez debe centrarse sólo en los otros dos VPS que todavía parecen estar interesados en el proceso actual de la calidad y dejar que el Vicepresidente de operaciones para la región sureste resuelva las cosas a su manera. Se pregunta si él realmente tiene potencial para ser un VP, y si es el momento de abandonar el proceso de calidad como un enfoque estándar y trabajar sólo con los dos Vicepresidentes que siguen interesados, o si tan sólo debe dejar que operaciones conduzca los esfuerzos como se ha hecho hasta ahora.

Bob llega al coaching solicitando obtener claridad sobre su decisión y salir con un plan para la reunión.

¿Hay algo más que desearía saber de Bob?

- Como regla general, me gusta invitar a aquellos a quienes imparto coaching a que "me digan más." A menudo, el simple hecho de "decir más" ayuda al coachee a obtener claridad.

- Otra opción sería invitar a Bob a hacer una lluvia de ideas sobre diferentes maneras en las que él podría enfrentarse a esto, al igual que al impacto que éstas tendrían en el resultado. Una manera sería preguntarle a Bob que realizara una revisión de 360 grados de su situación actual.

- También podría ser útil para Bob dejar que los datos decidan los próximos pasos, en vez de lo hagan Bob u otro VP. Esto elimina a los individuos de la decisión y la coloca exclusivamente en manos de los datos. De esta forma, esperamos eliminar el "ego" de la conversación.

- Las preguntas incluirían:

  - ¿Qué estan viendo otros que usted no está viendo?

- ¿Qué puede usted obtener de lo que dice el VP en desacuerdo? ¿Qué está viendo él desde su punto de ventaja?

- ¿Podría haber algo que fuera más importante que éste tema?

¿Qué desea hacer por Bob?

- Querría que Bob viera la imagen completa y recogiera diferentes perspectivas.

- Usando el modelo de Coaching de Cabeza-Corazón-Corazonada, desearía que Bob incrementara las partes de Cabeza y Corazón en esta situación. Naturalmente trae Cabeza, ya que trabaja con hechos. Lograr un equilibrio de Cabeza-Corazón-Corazonada le proporcionaría a Bob un cambio de perspectiva y una posible nueva conciencia.

¿Utilizaría alguna herramienta? Y si es así, ¿cuál utilizaría?

- Una evaluación de 360 grados de Bob. Esto daría a Bob con una imagen total de su liderazgo y de cómo él se percibe.

- Una evaluación de inteligencia emocional. Esto ayudaría a Bob a obtener mayor claridad acerca de cómo él se relaciona con otros.

- F.D.O.A. Análisis de su situación actual. Fortalezas, Debilidades, Oportunidades, Amenazas.

Scenario #5: Molly – New Promotion

Molly fue recientemente promovida a Vicepresidente de operaciones, tras la destitución del anterior VP, quien era bien estimado entre su equipo, pero que no consiguió resultados. El despido fue inesperado y ha causado mucho malestar dentro del equipo, con clientes y entre pares. Molly fue transferida desde otro lugar con la esperanza de estabilizar el equipo y obtener los resultados necesarios para mantener la productividad.

En su última sesión con Molly, ella indicó que ella estaba entusiasmada con la nueva oportunidad y consciente del trabajo que se avecinaba. Ella está comprometida a ayudar a este equipo a lograr el éxito, pero le confía que aunque ella cree que puede impactar positivamente al equipo y sus resultados, se encuentra triste y estresada. Molly descubre que ella tiene que gestionar su tiempo de manera diferente ahora que es un líder, y debe hacer malabares entre las expectativas de los clientes, los corporativos y el equipo. Ella realmente cree que debe centrarse en el equipo y los procesos con el fin de estabilizarlo y obtener los resultados que todo el mundo quiere, pero siente que la jalan de muchas direcciones distintas. Además, Molly cree que necesita manejar las expectativas, especialmente las de su jefe y principal cliente, pero ella realmente no sabe dónde empezar, y esas son relaciones clave que debe mantener intactas. Ella menciona que no está al día ni con sus metas financieras ni con indicadores mensuales.

Esboce su estrategia/propuesta con Molly.

¿Cuáles cree usted que son las cuestiones clave y cómo impartiría usted el coaching a Molly?

- Un tema clave es el estrés que deriva de las expectativas de las personas.
- Molly está haciendo malabarismos con múltiples cosas a la vez. Quiero que Molly deje de hacer malabares, que haga una cosa a la vez y que se concentre en lo que es buena.
- Quiero que Molly cambie de lo que otros quieren a lo que ella realmente, realmente quiere.

¿Qué preguntas le haría a Molly?

- ¿Qué es lo que realmente, realmente desea?
- ¿Cuál es la vista global?
- ¿Cuál es el paso siguiente más sencillo?
- ¿Cuál es el verdadero asunto?
- ¿Quién puede ayudarle con esto?
- Cómo se ve el éxito…
  - ¿Esta semana?
  - ¿Dentro de 30 días?
  - ¿Dentro de 6 meses?
  - ¿Dentro de18 meses?

Escenario #6: Ethan – Conducta Descarrilada

Ethan está teniendo dificultad en el área de desarrollo de personas. Él hace un gran trabajo como líder con sus tareas administrativas y constantemente completa las tareas y cumple con las demandas del cliente, sobre todo a expensas de su equipo y su tiempo personal. Ethan no ha aprendido todavía cómo entrenar y desarrollar a su equipo, y él encuentra a menudo dificultades para delegar y apoyar a su equipo cuando lideran proyectos.

En sus evaluaciones 360, recibió retroalimentación sobre que no delegaba bien, proporcionaba poca o ninguna dirección en los proyectos y generalmente no pasaba el tiempo necesario entrenando y desarrollando a su equipo. Ethan está devastado; su supervisor ha solicitado que trabaje con uno de los entrenadores internos de la organización para determinar cómo puede avanzar mejor. Ethan ha solicitado una reunión con usted para trabajar en sus habilidades de coaching y desarrollo.

Esboce su estrategia/propuesta con Ethan.

¿Qué ven las cuestiones clave como y cómo usted entrenador Ethan?

- La respuesta de Ethan a la evaluación 360 es interesante. Estaba "devastado." Esto parece ser una importante área de desarrollo.

- También me gustaría saber cómo Ethan procesa la nueva información y la retroalimentación, como ésta. Quiero proporcionarle la oportunidad de procesar por completo los resultados de su reciente evaluación 360.

- Puesto que Ethan no decidió trabajar con un entrenador por su propia cuenta, quiero saber qué tan listo y dispuesto está a que se le imparta coaching. ¿quiero escuchar una disposición por su parte a participar plenamente en el proceso de coaching.

¿Cuál sería la parte más complicada de impartir coaching a Ethan?

- Moverlo desde la posición de "inscrito" a la de "participativo" en el coaching. A menos que él esté dispuesto a participar plenamente en el proceso de coaching, el coaching no puede avanzar. Inicialmente creo que él está listo para ser entrenado. Mi preocupación es qué sucederá más adelante del proceso. Quiero que esté en un lugar de elección durante todo el proceso de coaching.

¿Cuáles son algunas peticiones que usted anticipa que haría?

- Que esté totalmente comprometido en el proceso de coaching. Probablemente me gustaría que accediera a un número mínimo de sesiones de coaching. Es decir, 9 meses de entrenamiento, dos veces al mes.

- Repetir la evaluación 360 a los 6 o 9 meses, durante el proceso de coaching.

- Pedir que Ethan tome un Cuestionario de Inteligencia Emocional y Social. Esto añadiría una dimensión adicional a la conversación de coaching para Ethan.

Escenario #7 – Julie – Directora de Una Asociación no Lucrativa

Julie, directora de una organización no lucrativa, depende en gran medida, de su pequeño personal asalariado y varios voluntarios regulares muy comprometidos con la causa. Ella les hace saber a sus trabajadores cuánto aprecia su trabajo. Uno de los placeres de Julie es desarrollar a aquéllos que están alrededor de ella, además del trabajo real de la asociación sin fines de lucro. Para Julie, este trabajo está estrechamente alineado con lo que ella cree que es su propósito en la vida.

Hay varios desafíos para Julie. Es difícil mantener suficientes trabajadores para mantener la organización abierta durante el número de horas que el cuerpo gobernante desearía. Debido a la naturaleza de la organización, Julie debe escoger cuidadosamente a sus trabajadores para asegurarse de que cumplen con los requisitos de fondo y están de acuerdo con el propósito de la asociación. Las relaciones públicas de la organización son claves para su éxito, ya que el apoyo de la comunidad es crítico para su supervivencia.

Después de varios años en su cargo, se ha producido una situación nueva y preocupante. Alguien en la comunidad informó al Consejo de Administración de una situación que involucró a uno de los voluntarios. La situación no es ni ilegal ni entra en conflicto directo con el fin de la organización. El cuerpo gobernante le ordenó a Julie que no le permitera participar a ese voluntario.

Julie dice que está devastada ante la perspectiva de "despedir" a un voluntario Julie está preocupada por el efecto que esto tendrá en los demás voluntarios y en algunos miembros de la comunidad si se convierte en un asunto público. Ella siente que la persona que informó la situación o el voluntario rechazado podría fácilmente llevar esto fuera de proporción. Esto ha mantenido a Julie despierta en la noche y la tiene muy molesta, hasta el punto de que ha pensado en renunciar.

Julie dice que queire saber qué es lo que debe hacer.

¿Qué preguntas le haría a Julie?

- ¿Cuáles son sus opciones?

- Dentro de diez años, cuando vea hacia atrás a ésta época, ¿qué desea decir sobre cómo manejó en este caso?

- ¿Quién puede ayudarle con esto?

- ¿Cuál es el verdadero problema aquí?

- En vez de ver esto como el "despido de un voluntario," ¿de qué otra manera podría verlo?

- Cuénteme más …

¿Qué escucha usted en el relato de Julie?

- Yo escucho con preocupación e inquietud. Para los voluntarios, la organización y la comunidad.

- Julie no dice cómo quiere resolver esta situación. Quiero escuchar sus pensamientos. ¿Cuáles son sus sugerencias?

- Escuché su pasión y energía para con esta organización y el trabajo que realiza. También escuché aún mayor pasión y energía por su personal y los voluntarios.

- Julie deriva mucho valor personal y estima su participación en esta organización.

Escenario #8: Steve – Líder de Organización

Steve es un nuevo cliente que se esfuerza por cumplir con los compromisos que hace en sus sesiones de coaching. Ha estado trabajando con usted durante unos 90 días. En su última cita se compromete a varias tareas. Al comenzar la llamada de la siguiente cita, él le anuncia que ha tenido una semana horrible y que no logró realizar las tareas a las que se comprometió.

Steve le dice que cree que probablemente terminará saliéndose del programa de liderazgo acelerado de 12 meses. Su vida está demasiado ocupada con su nueva promoción laboral, la inminente reorganización y la implantación de un producto clave nuevo. Él también indica que s está cuestionando si realmente quiere permanecer en esta empresa y no está seguro de estar interesado en la ruta del "líder acelerado" (esto difiere mucho de lo que le dijo en sus conversaciones iniciales).

A continuación, él le comenta que ha recibido algunos comentarios de los facilitadores en su programa de liderazgo acelerado que afirman que sus habilidades de colaboración y manejo de conflicto son oportunidades para el desarrollo. Esta es la primera vez que ha recibido comentarios de esa naturaleza. Y realmente está muy preocupado por el desarrollo que se requiere en este programa, debido a todo lo demás que tiene en su plato en el momento. Él también hace un comentario al margen, afirmando que no le gustan todas las presentaciones requeridas en este programa o su nueva posición, y que nunca se sintió particularmente cómodo hablando delante de los demás. Concluye con una declaración sobre cómo él realmente no ve el valor del programa acelerado de liderazgo; y que tal vez debería abandonarlo y centrarse en los temas importantes, de prioridad, como el funcionamiento de la empresa y la obtención de resultados

¿Qué preguntas tiene para Steve?

- Quiero saber qué es lo que realmente está sucediento. ¿Cuál es el verdadero problema?

- ¿Qué cambió?

- También podría preguntar:

  - ¿A qué Steve debo creerle? Al Steve actual que está considerando abandonarlo todo, o al Steve inicial, entusiasmado y con ganas de desarrollarse como un líder.

- También querría preguntar si esto es normal para Steve. Un comportamiento y perspectivas radicales.

¿Qué es lo que necesita Steve de su coach?

- Ánimo para permanecer en el coaching y en el proceso de liderazgo acelerado.

- Un espejo. Él necesita que su coach reflejar con precisión la verdadera imagen de Steve, no sólo la del presente, sino también sus sueños y esperanzas. Además, necesita que su coach mantenga sus pies firmes, para que él se mantenga inquebrantable.

- Ver los comentarios recientes bajo una luz diferente. Ver la retroalimentación como algo sano y útil.

Resumen

En este capítulo hemos analizado varios escenarios de coaching que son comunes en el ministerio. Hay muchísimos otros con los que usted se encontrará como coach. Es importante recordar que estas son generalizaciones. Ser curioso, explorar las fortalezas, definir la visión, explorar las opciones y alinearnos con nuestros coachees son partes importantes del coaching poderoso. Cada situación es tan diferente como lo son las personas que reciben coaching. El coaching no se trata de dar consultoría o prescribir un plan. El coaching se trata de maximizar el potencial de los clientes y el de los que les rodean.

Capítulo Cuatro

Coaching a Equipos y Grupos Intactos

Al igual que con los individuos, el coaching a grupos y equipos puede ser una herramienta transformacional hacia el progreso y el rendimiento. Emplear las habilidades del coaching con grupos y equipos les provee una poderosa manera de lograr resultados y capitalizar las fortalezas colectivas.

Los líderes que utilizan un enfoque de coaching generalmente se percatan de que los miembros de su equipo están más involucrados, sus soluciones son de mejor calidad, mejor aceptadas y mejor ejecutadas. Los equipos que utilizan un enfoque de coaching generalmente comparten la responsabilidad del liderazgo de una forma más productiva. El coaching es una manera poderosa de desarrollar las habilidades de los miembros del equipo y construir futuros líderes.

Los líderes que utilizan un enfoque de coaching con sus equipos y grupos generalmente encuentran que ellos, como líderes, conducir con preguntas en vez de hacerlo con declaraciones o directivas y buscan las respuestas dentro del grupo en vez de proveerlas. Los líderes de coaching promueven la acción y la rendición de cuentas de forma individual y a nivel de equipo y pasan más tiempo escuchando y menos tiempo hablando. Los líderes de coaching ven su rol como "catalizadores" en vez de "diseñadores."

Comprender las etapas del desarrollo de un equipo o un grupo puede ser útil al impartir coaching a los equipos; las etapas del desarrollo del equipo pueden proveer pistas que expliquen la conducta del equipo. El Dr. Bruce Tuckman desarrolló los *Five Stages of Team Dynamics (Cinco Etapas de la Dinámica de los Grupos)*. Estas incluyen:

1. Formación
2. Conflicto o Inicio
3. Normativa
4. Desempeño
5. Desintegración (en 1970)

Otro enfoque para comprender el desarrollo del equipo es verlo desde la perspectiva del desarrollo humano. Este enfoque incluiría las siguientes fases de desarrollo:

- Niñez
- Adolescencia
- Adulto Joven
- Adulto Medio
- Maduro/Adulto Mayor

Formación/Niñez. En esta etapa el equipo es relativamente nuevo. Las personas están empezando a conocerse unas a otras mientras hacen su camino hacia su identidad como grupo. Generalmente, el grupo evita la polémica y las decisiones mientras intentan desarrollar las relaciones y la identidad.

Como Coach, su trabajo es relajarlos y crear un espacio seguro. Anime al equipo a tomar decisiones y a que esté abierto para tener discusiones profundas y que se comuniquen cándidamente y con respeto. Cuando trabaje con el equipo, emplee sus habilidades de escucha activa y cuestionamiento, trabaje con el grupo para esclarecer los objetivos y ayúdelos a identificar los roles y responsabilidades individuales. Por último, fomente y apoye el proceso de construir confianza entre ellos.

Inicio/Adolescencia. Esta es la etapa de desarrollo donde los miembros del equipo comienzan a "competir" por las posiciones y roles en el equipo. Durante esta etapa, los miembros del equipo pueden desilusionarse y a menudo "abandonar" el grupo cuando la competencia y los conflictos comienzan a ocurrir. El grupo está trabajando en cómo manejar los conflictos y está empezando a entender las personalidades y las fortalezas de cada miembro del equipo.

Como entrenador, uno de sus papeles es ayudar al equipo a recorrer el camino pedregoso para convertirse en un equipo completamente funcional. Trabaje con el equipo para resolver conflictos efectivamente y tome decisiones con ellos. En esta etapa, los coaches continuarán ayudando a los miembros del equipo a establecer su papel en él y a apoyar a otros a hacer lo mismo. No es infrecuente que los miembros del equipo se desafíen unos a otros y al líder. Como coach, ayúdeles a hacer esto en una forma que sea propicia para el desarrollo y la manutención de las relaciones de trabajo. Use tus habilidades para reconocer y buscar los puntos fuertes y los puntos donde estén de acuerdo.

Normativa/Adulto Joven. En esta etapa del proceso, aumenta la capacidad del equipo para colaborar efectivamente. La confianza comienza a desarrollarse activamente entre los miembros del equipo. El equipo es receptivo a nuevas ideas, así como a las ideas de los demás tanto dentro como fuera del equipo. El equipo discute y desarrolla sus procesos y estilo de trabajo. El acuerdo y el consenso comienza a surgir, los roles y responsabilidades se hacen más claros y se aceptan más y "grandes" decisiones son hechas a menudo por consenso. Las decisiones más pequeñas pueden delegarse a individuos o pequeños equipos dentro del grupo.

Como coach, estimule al equipo a trabajar juntos, a explorar alternativas y a trabajar en soluciones dentro de las reglas establecidas del equipo. En esta etapa, puede que los coaches deseen dar un paso atrás para dejar que el equipo empiece a trabajar de forma más independiente. Su rol es hacer equipo con ellos para ayudarles a alcanzar su máximo potencial. Mantenga al equipo en línea y ayúdeles a alcanzar su máximo potencial.

Desempeño/Adulto Medio. En esta etapa, el equipo ha aprendido a aprovechar las fortalezas de cada miembro. Muestran lealtad, confianza y apertura. El equipo exhibe un alto nivel de creatividad y productividad. Las diferencias de opinión son vistas como un trampolín para la innovación.

El equipo está estratégicamente enfocado en su visión compartida y tiene claro lo que tiene que alcanzarse. El equipo tiene un alto grado de autonomía. Los desacuerdos ocurren pero ahora se resuelven dentro del equipo de una manera positiva. Los miembros del equipo se cuidan mutuamente y el equipo necesita muy poca orientación del líder.

Como coach, reconozca y alabe a los miembros del equipo por sus logros y anímeles a hacer lo mismo entre ellos. En esta etapa, su rol evolucionará a algo así como un recurso "ad-hoc" para el equipo. Tomése un tiempo para evaluar la efectividad del equipo y aliéntelos a hacer lo mismo entre ellos. Busque oportunidades de coaching para apoyar al equipo a lograr su mejor desempeño.

Desintegración/Adulto Mayor. Esta etapa generalmente ocurre cuando un equipo tiene una vida finita. Cuando se produce esta etapa, el equipo reconoce que el proyecto está cerca de finalizar y que su equipo se disolverá pronto. Puede haber sentimientos encontrados entre los miembros.

Como coach, ayude al equipo a procesar lo que han aprendido y logrado. Trabaje con ellos para identificar y capitalizar lo que se ha logrado y cómo han avanzado con sus nuevos conocimientos. Anímelos a celebrar, reconociendo que algunos miembros del equipo pueden encontrar difícil esta transición.

Hace unos años estuve trabajando con un equipo organizacional intacto para introducir el coaching en su organización como una herramienta de liderazgo. Durante el taller de coaching, se produjo una sesión de coaching con el Vicepresidente (su líder) y comenzó a ocurrir un cambio cuando el líder y el equipo comenzaron a compartir sus perspectivas sobre la relación de trabajo del equipo. El Vicepresidente compartió abiertamente sus pensamientos, creencias, sentimientos y deseos sobre cómo él veía a su equipo y su éxito, al igual que lo hizo el equipo. El coaching que sucedió esa tarde llevó al equipo desde el inicio (o conflicto) hasta la normativa, y les dio una base sólida para desempeñarse. No sólo se creó conciencia, sino que la acción a futuro fue discutida, y comenzó a desarrollarse una nueva forma de interactuar y trabajar juntos. Este es un ejemplo del poder del coaching de grupo.

Creando una Nueva Conciencia con los Equipos

En el coaching sabemos la importancia que tiene el crear conciencia para que el avance y los resultados puedan darse. Una manera de crear conciencia es con distinciones. Una distinción está formada por dos palabras o frases que son similares en significado, y que sin embargo, transmiten las sutiles pero poderosas diferencias. Las distinciones pueden ayudar a cambiar nuestro pensamiento, lo que produce diferentes comportamientos que conducen a diversos resultados (generalmente mejores). Algunas distinciones claves a tener en cuenta cuando se imparte coaching a equipos y grupos:

• Trabajando Duro vs Produciendo Resultados

• Un Equipo De Individuos vs. A Un Equipo Que Está Conectado

• Definición Por Reto vs Definición Por Visión

• Eficiente vs. Efectivo

• Pensamiento Adverso vs Pensamiento Estratégico

Como coaches, cuando trabajamos con equipos, generalmente tenemos que impartir coaching a los líderes. Los siguientes son cambios que los líderes podrían querer hacer mientras lideran a sus grupos.

Cambio 1: De Diagnosticar a Desarrollar

- Aprenda a ayudar a otros a desarrollar en vez de diagnosticar y a resolver sus problemas.
- Imparta el coaching de manera que puedan diagnosticar sus problemas y luego cree una alianza con ellos para desarrollar y apoyar su avance

Cambio 2: De Hacer a Empoderar

- Los líderes deben dejar de hacer para que los otros puedan empezar a hacer.
- Empodere y desarrolle a otros para que "hagan."

Cambio 3: De Decir a Explorar

- Moverse de "decir" a "preguntar."
- Explore las posibilidades.

Cambio 4: De Irracional a Racional

- De interacciones transaccionales a interacciones transformacionales.
- Estar consciente y con intención con aquellos a quienes imparte coaching.

Cambio 5: De Excelencia a Efectividad
- Preparado, FUEGO, Apunte vs. Preparado, APUNTE, Fuego.
- Hacer algo bien vs. hacer la diferencia.

Cambio 6: De Profesional a Empresario

- Status quo a catalizador de cambio.
- Riesgo adverso a aceptar el riesgo.
- Hacerlo avanzar.

En coaching es imprescindible que entendamos el QUIÉN de un grupo antes de que procedamos al QUÉ y CÓMO. Mientras escucha al QUIÉN del grupo, observe los valores y creencias del grupo. Escuche la historia del grupo (sin r engancharse en su historia ni dejarla que se aleje demasiado de la meta). Evite la tendencia a impartir coaching individualmente a los miembros del equipo; céntrese en el equipo como un todo. Pregunte:

- ¿Cuáles son las 10 cosas que necesito saber acerca de este equipo con el fin de impartirles coaching?

- ¿Qué desea decir acerca de usted como equipo?

- ¿En qué etapa de desarrollo está este grupo? (Vea la información anterior sobre las etapas de desarrollo del equipo).

- ¿Qué es lo que nunca, nunca, nunca debo preguntarle o pedirle a este grupo?

- Si este grupo se disolviera de pronto, ¿Quién lo notaría? ¿Qué no se haría?

Los siguientes son dos recursos que usted puede utilizar para impartir coaching a los equipos y grupos efectivamente

Trabaje la Brecha

Aquí y Ahora versus Entonces y Allá

- Pida que el grupo o equipo desarrolle un panorama actual y realista.

- Pida que el grupo también cree una imagen futura ideal.

- Pídale al grupo que identifique la brecha que existe entre la imagen actual y la futura.

- Comience a desarrollar un plan de acción para cerrar la brecha.

- Identifique el sabotaje. Cuándo, dónde y cómo suele aparecer el sabotaje.

- Cree un sistema de rendición de cuentas y seguimiento para garantizar que se aplique el plan de acción.

Modelo de las Tres Preguntas

- ¿Qué está sucediendo en este grupo? (Imagen de la realidad actual.)

- ¿Qué es posible en este grupo? (Póngase las gafas rosas.)

- ¿Qué medidas podemos tomar para movernos hacia adelante como un grupo? (Hoy. Ahora.)

Impartir coaching a los equipos se parece mucho a realizar un acto de malabarismo, sosteniendo varias bolas en el aire a la vez. El objetivo es mantener todas las bolas en movimiento para que pueda lograr el arte del malabarismo. Asimismo, en los equipos, el coach los mantiene a todos moviéndose hacia adelante para que el equipo pueda desempeñarse a su máximo rendimiento.

Capítulo Cinco

Creando una Nueva Conciencia

Las creencias y las suposiciones no son necesariamente buenas o malas. Todos tienen creencias y suposiciones que resultan ser 100% verdaderas para aquellos que las creen. Generalmente son historias o pasado que apoyan las creencias y suposiciones de los individuos tienen acerca de ellos mismos, de otros, o de ciertas situaciones. Estas creencias se aparecen durante el proceso de coaching constantemente. Nuestro trabajo como coach es traerlas a la superficie para que puedan ser exploradas, entendidas, puestas en perspectiva y/o hacerlas a un lado. Las creencias y suposiciones pueden:

• Empujarnos hacia adelante O paralizarnos.

• Expandir nuestras opciones O limitar nuestras opciones.

• Ocasionar que alguien tome la iniciativa O que tire la toalla y desista.

Creencia—Una certeza o verdad aceptada por un individuo o un grupo.

Suposición—Algo en lo que se cree y que carece de pruebas, o cuya prueba es situacional o circunstancial

Muchas veces nuestras creencias limitantes y falsas suposiciones no son más que F.E.A.R. (Miedo, por sus siglas en inglés)—"Falsas Emociones que Aparentan ser Reales." Como coach, escuche para encontrar creencias limitantes y suposiciones falsas; Esta es una manera de ayudar a aquellos a quienes está impartiendo coaching a determinar el subyacente tema importante. Usted encontrará que las creencias limitantes y suposiciones falsas aparecen de diversas maneras. Como coaches, tenemos que estar atentos para que podamos detectar estas creencias y suposiciones y trabajar con los coachees para crear conciencia.

Todos tenemos creencias limitantes y suposiciones falsas; mientras que conocemos algunas de ellas, otras se encuentran justo debajo de la superficie, esperando a ser descubiertas. Cuando se rasca debajo de la superficie de lo que está diciendo la persona, a menudo descubrimos y traemos a la superficie las creencias limitantes y las suposiciones falsas. Las creencias limitantes y falsas asunciones son la base de la grabación interna que se ha creado en nuestras mentes.

Unos cuantos ejemplos de creencias y suposiciones:

- ¡El mundo es plano!

- Realmente, nunca cambia nada.

- Pensarán que soy estúpido.

- No sé tanto como ellos.

- No puedo hacer ese trabajo.

- Realmente no tenemos alternativa.

- El cambio siempre es difícil.

- El cambio toma tiempo.

- No puedo dirigir (ser líder).

- No somos tan grandes como la organización XYZ..

Técnicas para Detectar Creencias Limitantes y Falsas Suposiciones

- **Sea curioso e inquisitivo.** Las creencias limitantes y falsas suposiciones han ganado poder porque no han sido cuestionadas.

- **Haga preguntas abiertas, de gran alcance.** Que van más allá de la superficie y llegan hasta las creencias limitantes y falsas suposicones.

- **Exprese Apreciación.** Un porcentaje de 1 a 5 de apreciación a la crítica ayuda a las personas a pensar creativamente (Time to Think, por Nancy Kline). El cambio se da mejor en un lugar donde hay apreciación genuina. Encuentre la grandeza de los individuos en vez de tratar de repararlos a todos.

- **Invítelos a que activen su mente.** Pídales que jueguen y se diviertan. El juego involucra curiosidad. Es más probable que una persona que se está divirtiendo desee experimentar. En un estudio reciente, se investigó a ochocientos setenta niños en su relación con la curiosidad, la primera vez a los seis años y luego otra vez a los 16 años. A los 8 años de edad, el 84% de los niños eran curiosos. A los 16 años de edad, el 7% de los niños eran curiosos En un lapso de 8 años, la mayoría de los niños dejaron de ser curiosos.

Como un Coach, nuestro tarea es la de buscar la mejor estrategia para que surjan las creencias limitantes y suposiciones falsas y mover al cliente hacia la curiosidad como método para cruzar el Puente hacia la eliminación de creencias limitantes y suposiciones falsas.

¿Cómo se Forman las Creencias y Suposiciones?

- Experiencias de la Niñez. Las experiencias en los primeros siete años de vida pueden tener un gran efecto en la visión del mundo de un individuo.

- Ambiente Familiar. Los padres, la escuela y la comunidad de un individuo desempeñan un papel importante en la conformación de su sistema de creencias. Cómo enfrenta un individuo las dificultades está determinado en gran medida por la experiencia que ha tenido como niño.

- Modelado. Esto se refiere a asumir inconscientemente las creencias, opiniones y perspectivas de una persona profundamente admirada. El punto de vista de su modelo es tomado, a menudo, como su propio punto de vista, con muy poco cuestionamiento.

- Experiencias Significativas. Las experiencias que alteran nuestra vida forman las creencias de un individuo. Si las experiencias resultan ser exitosas, es probable que el individuo crea que todo es posible. Si las experiencias son infructuosas y la actitud es negativa, es probable que el individuo adopte pensamientos y temores que impiden el empoderamiento y la creencia en uno mismo.

Como coach, no tenga miedo de usar sus poderosas técnicas de interrogatorio como un medio para desafiar a quienes está impartiendo coaching cuando encuentre una creencia limitante o una falsas suposición. A veces puede ser apropiado pedir permiso para "ir por un camino determinado" con una línea de preguntas. Será importante para usted saber cómo tiene que proceder mientras descubre y tratar de crear conciencia con los que están recibiendo coaching. La relación de coaching, así como su estilo personal, jugará una parte importante para determinar cómo usted reta a aquellos a los qu imparte coaching.

Las Creencias y las Suposiciones Moldean Nuestra Visión del Mundo

Las creencias y las suposiciones determinan cómo los individuos ven su mundo y actúan como una confirmación de la realidad. En esencia, desempeñan un papel en la conformación de la visión del mundo. Surgen problemas cuando las creencias y suposiciones son erróneas, están distorsionadas o se pronuncian de manera inútil. Sólo cuando un individuo llega a estar consciente de sus creencias limitantes y falsas suposiciones, puede darse la posibilidad de que ocurra el cambio.

La mente humana es poderosa, y en muchos casos nuestros pensamientos se convierten en nuestra realidad. Las creencias y suposiciones positivas generalmente conducen a resultados positivos, mientras que las creencias limitantes y falsas suposiciones tienden a producir resultados negativos o se atraviesan en el camino del avance positivo. Cuando los individuos están aferrados a las creencias limitantes o falsas suposiciones de que no pueden hacer algo, operan desde esa perspectiva, de tal modo que sabotean sus propios esfuerzos para el éxito. Además, se bloquean a sí mismos para evitar encontrar pruebas y refutar las creencias limitantes o falsas suposiciones.

Cuando los pensamientos impiden el empoderamiento, los individuos se desgastan y se encuentran en una lucha constante. En lugar de una ruta suave y sencilla, estas personas se encuentran con muchas dificultades. Las creencias limitantes y falsas suposiciones frustrar el proceso de crecimiento personal. Para disiparlas, es crucial lidiar el auto-sabotaje de pensamientos y determinar su origen. A continuación, debemos comprender su impacto en nuestro avance y determinar cómo replantear y movernos de manera diferente. La vida que vivimos está determinada por nuestras creencias y

Generalmente, cuando las creencias limitantes y falsas suposiciones están profundamente arraigadas, aparecen en forma de pensamientos en blanco y negro. Esto simplemente significa que hay una tendencia a pensar en "o bien / o" y/o condiciones extremas, tales como "debe" y "no debería nunca," "puede" y "no puede," "posible," e "imposible," y "nunca" y "siempre." Los individuos se convierten en víctimas cuando se niegan a desprenderse de sus pensamientos negativos.

- Frente a un desastre financiero, un individuo cree que no es dignos de tener dinero.
- Cuando alguien encuentra a sí mismo teniendo dificultades para encontrar a amigos, su percepción se convierte en "nadie me ama" o "es difícil hacer amigos."
- Cuando un individuo tiene problemas en el trabajo, dicen "No soy lo suficientemente bueno."

Estos son ejemplos de cómo las creencias limitantes y las suposiciones falsas ocurren.

Preguntas Incisivas

Como coaches, nuestro objetivo es ayudar a las personas a quienes impartimos coaching verse ellos mismos de forma diferente, y luego actuar según esa nueva perspectiva. En su libro *Time to Think (Tiempo Para Pensar)*, Nancy Kline ofrece un método simple pero profundo para tratar con las creencias limitantes y falsas suposiciones. Su método consiste en hacer preguntas incisivas en un intento por descubrir, traer a la superficie y afrontar las creencias limitar y falsas suposiciones. Como coach, considere el siguiente proceso para afrontarlas:

PASO 1 – Pedir al Coachee que Articule la Meta, el Sueño y el Resultado Deseado

- Para ellos (si aplica), para otros, y para la situación.

- Ayúdelos a tener en claro qué es lo que realmente, REALMENTE desean lograr.

- Hacerlos que definan qué es lo que quieren, que creen una visión.

- ¿Qué querrán poder decir dentro de 3, 6, 9 o 12 meses?

- Como dice Covey, "comience con el fin en mente"(Covey 1999, 237).

PASO 2 – ¿Qué Creencias o Hipótesis son Barreras hacia la Meta, el Sueño y el Resultado Deseado

- Llegue a la cuestión fundamental con respecto a las creencias o suposiciones acerca de este objetivo.

- Pregunte sobre las razones por las cuales el individuo o grupo no ha logrado sus propósitos.

- Identifique los obstáculos, especialmente creencias y supuestos que les han impedido avanzar.

- Busque patrones/tendencias que podrían apoyar las creencias limitantes y falsas suposiciones.

PASO 3 – Articule el POSITIVO OPUESTO de la Actual Situación \.

- Esto es a menudo una tarea difícil para un individuo o equipo, pero presiónelos para que articulen el opuesto positivo.

- Una vez articulado, les pedimos que lo escriban y que hablen de ello – lo que quisieran ver, sentir, hacer, etc.

- Pregunte, *"Si supiera <coloque aquí el Positivo Opuesto>, qué medidas tomaría? ¿Qué sería diferente?"*

PASO 4 – Escriba la acción que tomará.

- Pida al coachee que diseñe acciones para lograr el positivo opuesto.

- Discuta los obstáculos y desafíos.

- Capitalice en el impulso de la conversación.

- Averigüe qué ayuda necesitan para hacer el cambio.

Meintras considera las creencias y suposiciones, desafíe a su coachee a que las vea de manera diferente o que piense desde el otro punto de vista. Pídales que consideren lo siguiente. ¿Qué si…?

- ¿Usted ya no tuviera estas creencias y/o suposiciones?

- ¿Estas creencias/suposiciones ya no fueran verdaderas?

- ¿Usted decidiera considerar otras opciones/creencias/puntos de vista?

- ¿Si por hoy, usted se olvidara de "X" (creencia limitante/falsa suposición) y creyera en "Y" (positivo opuesto)?

- Si de ahora en adelante actuara/se comportara/creería de cierta manera en la que apoyara el positivo opuesto de su de creencia limitante/falsa suposición, ¿cómo se mostraría?, ¿qué podría ocurrir?

Y a veces sólo tiene que seguir intentándolo, según una historia compartida bastante a menudo acerca de Abraham Maslow sobre el poder de las creencias. Uno de sus pacientes se negó a comer porque creía que era un cadáver. En exasperación, el psiquiatra finalmente le preguntó si los cadáveres sangraban. El paciente dijo que no lo creía. Maslow procedió a darle un pinchazo con un alfiler (después de pedirle permiso). En ese momento, el paciente comenzó a sangrar. Sorprendido, el paciente declara, "Wow…los cadáveres sangran, después de todo."

Desafiando a las Creencias Limitantes y las Falsas Suposiciones

Una vez han descubierto las creencias limitantes y suposiciones falsas, el siguiente paso es ir desafiando y cambiando esas creencias para incorporar un nuevo enfoque a la situación. El cambio siempre es difícil, aún cuando se es positivo. El cambio requiere que las personas se preparen, piensen y actuen de forma diferente, lo que no sólo tiene un impacto personal sino también un impacto en las relaciones. El cambio produce una reacción en cadena en nuestras vidas.

En coaching, crear conciencia es sólo la mitad de la ecuación; la otra mitad es tomar acción y hacerse responsable. Del mismo modo, con las creencias limitantes y falsas suposiciones, no es suficiente llevarlas a la superficie y comprenderlas, el coachee debe avanzar de manera diferente con el fin de lograr un resultado sostenible y positivo.

CONCIENTIZACIÓN + ACCIÓN + RESPONSABILIZACIÓN = CAMBIO SOSTENIBLE

Como entrenador, uno de nuestros papeles es producir el cambio pidiendo a nuestros coachees que salgan de sus zonas de comfort y apoyándolos en crear espacios para sus nuevas perspectivas.

Cuando alguien desafía las creencias limitantes de un individuo o sus falsas suposiciones, o un individuo recibe retroalimentación opuesta, ayúdeles a considerar cómo reciben la información. Ayúdele a los coachees a que estén abiertos a ver las cosas de manera diferente y a explorar cómo podrían ver las cosas desde una perspectiva diferente. Desafíelos a ponerse en los zapatos de la otra persona y a echarle un vistazo desde esa perspectiva. Pídales que replanteen su forma de pensar y que identifiquen el aspecto positivo de la situación. Ayudarles a articular e identificar sus oportunidades de aprendizaje y a determinar lo que es verdadero y qué es falso.

Muchas creencias y suposiciones les han sido útiles a los individuos en el pasado, manteniéndolos en el éxito y contribuyendo a un estilo de vida saludable y productiva. Cuando se trabaja en esta capacidad como coach, les pedimos que reconsideren las creencias y supuestos bajo la luz de la situación actual. La pregunta es "Es esta creencia o suposición, ¿sigue siendo útil para usted?" Si susted puede crear pensamientos, usted puede cambiar definitivamente.

Con frecuencia imparto coaching a individuos en organizaciones que se consideran de "alto potencial." Mi trabajo con este grupo generalmente incluye algunas actividades en torno a crear conciencia. En la mayoría de los casos, el objetivo es desbloquear el potencial y acelerar el rendimiento, lo que a menudo se trata de crear conciencia de los dones y/o creencias limitantes. En algunos casos, los individuos con alto potenciales se encuentran exhibiendo un "comportamiento descarrilado" en su transición al siguiente nivel o a una nueva posición. La conducta descarrilada podría aparecer en forma de una habilidad que funciona bien en un nivel pero que ahora es menos importante, en este nuevo nivel. Cuando esto ocurre, crear una nueva conciencia es clave para ayudar a la persona seguir adelante con éxito

Este es otro ejemplo. Cuando Sarah era joven, su familia le enseñó a "pellizcar los centavos" porque nunca hubo suficiente dinero para alimentar a la familia. En la edad adulta, continúa aferrándose a la creencia de que los recursos son escasos, aunque realmente no es el caso en su situación actual. Ella se ha convertido en alguien egoísta y avaro, siempre contando los centavos. Este sentimiento de escasez también afecta a su capacidad de dar amor, amistad y apoyo, porque ella sufre de un sentido de "carencia" en su vida.

Cuando trabaje con aquellos a quienes imparte coaching y encuentre una tendencia en alguna persona a aferrarse a una creencia limitante o falsa suposición, tenga en cuenta que podría significar que algo que esta persona percibe como "valioso" le está haciendo difícil el liberar esa creencia o suposición. Profundice hasta encontrar la causa.

Una de mis frases favoritas es la canción del grupo Eagles "Already Gone." (Ya se ha ido). Como coach, es nuestro trabajo ayudar a nuestros clientes a encontrar su "llave."

> "Muchas veces sucede que creemos que vivimos nuestra vida encadenados. Y nunca nos damos cuenta de que tenemos las llaves."
> — Las Agilas, *Ya Se Han Ido*

Capítulo Seis

Estableciéndose como Coach

Si ha llegado hasta aquí en su jornada, ha experimentado el poder del coaching en su propia vida y ha buscado impartir coaching a otros. Ahora se encuentra en el borde del precipicio, preguntándole a Dios, "¿Qué sigue?"

A continuación, para muchos de ustedes, se tratará de incorporar el coaching a sus actuales escenarios profesionales, o a crear una cultura de coaching dentro de su organización. Para otros, será la transición a ser un coach de tiempo completo. Muchos de los que he entrenado han visto este siguiente paso como algo casi imposible, casi como una brecha del tamaño del Gran Cañón entre dónde están ahora y dónde quieren estar.

Esta sección ha sido creada para ayudarle a atravesar el Gran Cañón. La información contenida en éste capítulo es una compilación de años de coaching, -mentoría de coaching y capacitación de coaching. Si bien no es un recurso exhaustivo, es una colección de las mejores prácticas, estrategias y cambios para ayudarle a desarrollar con éxito su propio negocio como coach.

Vamos a empezar con una lista de verificación. La siguiente lista está diseñada para darle un vistazo rápido de cómo le está yendo, así como a identificar en lo que necesita trabajar más. La siguiente lista le ayudará a obtener una imagen precisa de su realidad actual

PREGUNTA	SI	NO
Soy capaz de decir "¡Yo soy un coach!" con una cara seria..		
He identificado de cuatro a siete conectores que han accedido a ayúdame a construir mi negocio de coaching. (Los conectores son personas que saben cómo hacer que las cosas sucedan.)		
Estoy trabajando con un coach-mentor que tiene su propio negocio exitoso y sostenible de coaching.		
Me siento cómodo al hablarles de dinero a los demás.		
Tengo una reserva financiera y un plan financiero.		
Sé que el coaching es legítimo, incluso si la gente no lo entiende.		
He instalado un entorno de coaching que me ayuda a estar plenamente presente con aquellos a quienes imparto coaching.		

PREGUNTA	SI	NO
Tengo un buen par de audífonos, computadora e internet.		
También tengo un teléfono de respaldo o teléfono móvil.		
Estoy listo para ser coach. Es decir, tengo una carta de bienvenida de aspecto profesional, un sitio web, tarjetas de presentación, contrato de coaching y proceso de pago. He automatizado tanto de esto como he podido.		
Le doy seguimiento regularmente a mis coachees anteriores y prospectivos.		
BONO: Regularmente celebro mis éxitos, no importa cuán pequeños o grandes sean.		

Basándose en sus respuestas, considere lo siguiente:

- ¿Qué tan bien posicionado está usted para empezar a imparitr coaching?
- ¿Qué es lo que está haciendo bien?
- ¿Dónde necesita enfocarse más y esforzarse más?
- En 12 meses, ¿qué desea poder decir que no puede decir ahora?

Estrategias Típicas De Transición

Mientras piensa en iniciar un negocio de coaching, considere las diferentes maneras en las que las personas entran en una piscina. Algunas personas saltan, mientras que otras entran poco a poco en el agua. Hay incluso aquellos que nunca abandonan la piscina infantil. ¿Cómo entra usted a una piscina?

Así como hay diferentes maneras de entrar en una piscina, también hay diferentes formas de hacer la transición al coaching de tiempo completo. Considere los siguientes enfoques. ¿Cuál es mejor para usted? ¿Cuáles son las implicaciones de su enfoque? ¿Cuáles son los beneficios de cada enfoque?

Salte a la parte honda de la piscina. ¡Láncese!

- Renuncie a su trabajo y empiece un negocio de coaching, o
- Consiga un trabajo sencillo para que pueda concentrarse en el coaching.

Deslícese hacia la piscina. Primero el dedo gordo, luego entre a la piscina poco a poco

- Trabaje tiempo completo e imparta coaching medio tiempo.

- Eventualmente trabaje medio tiempo e imparta coaching medio tiempo.

- Gradualmente añada más y más clientes.

Traiga la piscina hacia usted. Incorpore el coaching a su situación actual.

- Hable con su empleador, supervisor o junta acerca de incorporar el coaching a lo que usted hace.

- Desarrolle una posición interna como entrenador.

- Florezca justo donde está plantado.

Nade en la Piscina de alguien más. Asóciese, colabore o únase al equipo de otro coach.

- Trabaje para otro coach.

- Junte sus recursos con los de otros coaches.

Cuando consideré comenzar mi propio negocio de coaching, empleé a algunas de las estrategias simultáneamente. Empecé mi entrenamiento de coaching en el ambiente corporativo y "traje la piscina hacia mí," mientras incorporaba el coaching a mi posición actual. Mi actual posición corporativa me llevó eventualmente a dirigir el equipo de coaching interno. Simultáneamente a mi trabajo en el ambiente corporativo, usé los enfoques de "nadar en la piscina de otra persona" y "deslizarse en la piscina," mientras desarrollaba mi propio negocio lateralmente y me asociaba con otros coaches experimentados. Cuando fue el momento adecuado, yo estaba bien posicionado para hacer la transición al coaching a tiempo completo. La combinación de estos enfoques me permitió adquirir experiencias, conocimientos y asociaciones, que proporcionaron una fundación que apoyó el objetivo final de ser dueño de mi propia práctica de coaching.

Inicie con el Fin en Mente

No es raro que un coach se olvide de desarrollar una visión completa de su negocio de coaching Nosotros impartimos coaching a otros para comenzar con una imagen clara del final. Sin un blanco en la mira, ¿cómo sabrá si ha tenido éxito?

Considere las siguientes preguntas como una manera de ganar mayor claridad al propósito de su negocio de coaching, al igual que para crear la imagen y definir cómo se verá su negocio.

- ¿Cómo definiría el coaching a tiempo completo?

- ¿Cómo se vería una semana ideal (o mes) si usted fuera un coach de tiempo completo?

- Describa al individuo ideal o al equipo ideal al que le está impartiendo coaching.

- ¿Cuáles son sus creencias y suposiciones sobre el coaching a tiempo completo?

- De las creencias que ha identificado, ¿Cuáles le limitan? ¿Cuáles le sirven? ¿Qué nuevas creencias quiere añadir?

- ¿Dónde está en el proceso de transición a un coach de tiempo completo? ¿Cuáles son los próximos dos o tres pasos claves?

El Enfoque Del Embudo Invertido

La mayoría de la gente, al iniciar un negocio, adopta el "Enfoque del Embudo." Este enfoque, como un embudo, es amplio en la parte superior y estrecho en la parte inferior. Usando este enfoque, un individuo intenta contactar, conectar, enlazar y comercializar a tantas personas y organizaciones como le sea posible. Este enfoque intenta alcanzar a un gran número de personas (el extremo ancho del embudo) y generalmente produce unas pocas personas (extremo estrecho del embudo).

El "Enfoque de Embudo Invertido" literalmente invierte el enfoque tradicional. En lugar de un enfoque total, que es muy impersonal, este enfoque aboga por conectar con un grupo mucho más pequeño e invertir en ellos. Yo sostengo que todo lo que se necesita en este enfoque son de cuatro a siete realmente buenos "conectores." Invertir en unas pocas personas (extremo estrecho del embudo) rinde mucho (extremo ancho del embudo).

¿Quiénes son los conectores? ¿Dónde los encuentra? Los conectores son individuos que hacen que las cosas sucedan. Cada organización los tiene. Estos son los Paul Reveres contra los William Dawes de nuestros libros de historia. A estos dos individuos se les pidió que corrieran la voz sobre el peligro inminente. La gente escuchaba a Paul y le prestaron poca atención a William.

Uno de mis conectores originales me trajo a 34 coachees de una sola vez. Mientras que los conectores posteriores no me han entregado ese elevado número a la misma vez, me ayudan con regularidad a asegurar contratos más grandes y me presentan a otros conectores.

Considere las siguientes estrategias:

- **Identifique a Sus Conectores.** Siéntese y comience a escribir nombres. Ellos están allí. Repase su lista de contactos y libro de direcciones.

- **Invierta en Sus Conectores.** Conecte con sus conectores y desarrolle aún más la relación. Agregue valor a su mundo, el valor es la moneda de su mundo. He impartido coaching a muchos de mis conectores, les he hecho favores y he trabajado para ayudarlos a desarrollarse personal y profesionalmente.

- **Busque Siempre Otros Conectores.** Siempre estoy buscando mi siguiente conector. Al principio pensé que los conectores debían ser gente que yo conociera bien. Eso es un mito. A los conectores, por su propia naturaleza, les gusta ampliar sus conexiones. Es eso lo que los hace tan eficaces. Tengo varios conectores a los que nunca conocí en persona, y que no me conocen, pero conocen a otro conector que me recomendó

Cambios Clave

Como coach, se mucho sobre los cambios. Impartimos coaching sobre cambios clave a individuos y grupos todo el tiempo. Los cambios son reorientaciones internas (o debajo de la superficie) que alteran dramáticamente el enfoque o perspectiva, dando por resultado un desenlace significativamente diferente. Como coach, yo también tengo cambios. Considere los siguientes cambios clave mientras desarrolla su negocio como coach.

Cambio: Hobby Versus Negocio

El coaching, como hobby, es divertido, intrigante e interesante...y más. Como un hobby, usted puede internarse en él cuando quiera. Ganar dinero es opcional; de hecho, la inversión en los hobbies es mucho mayor que el retorno. Y eso está bien, porque es un pasatiempo.

El coaching como un negocio también es divertido, intrigante e interesante... y más. Como propietario de un negocio, usted está monitoreando la inversión y el retorno. El ganar dinero NO es opcional. Hay procesos intencionales y enfoques establecidos para seguir desarrollando y sostener el negocio en beneficio del coach y el coachee.

Este cambio afecta el proceso de toma de decisiones. Las decisiones ahora incluyen no sólo el RSI (Retorno Sobre la Inversión), sino también su visión desde un punto de vista personal y profesional. Además, deberá considerar cómo hacer correcciones de curso y procesar mejoras para incrementar la eficiencia y permanecer relevante..

¿Cómo se calificaría usted mismo con respecto a este cambio

Hobby <———————————————————————————> Negocio

Cambio: Coaching Gratuito vs Coaching Por Tarifa

Una de las cosas con los que muchos coaches novatos tienen dificultad, es con el cobro de una cuota. Para muchos este es un cambio difícil. Los nuevos entrenadores quieren saber el secreto de cobrar una tarifa, especialmente cuando escuchan las estructuras de pago de los coaches experimentados. Abundan las interrogantes:

- ¿Cuál es una buena cuota para un coach novato?

- ¿Cómo se solicita la cuota?

- ¿Cómo explica lo que es el coaching?

- Y, ¿qué pasa con el rechazo? ¿Cómo se maneja el temido "No"?

Tenga en cuenta las siguientes observaciones con respecto a este cambio:

- Así como ha aumentado mi confianza y mi competencia en el coaching, aumentaron mis honorarios.

- Cobrar una tarifa por el coaching es más para beneficio del coachee, que del coach. Los coachee que invierten financieramente en el coaching, tienden a abordar el proceso de coaching de forma muy diferentemente a como lo hacen los coachees pro bono. De hecho, aquellos que pagan para recibir coaching se presentan preparados y dispuestos a participar plenamente en el proceso de coaching. Son mucho más propensos a haber tomado los pasos de acción acordados y también están dispuestos a sumirse profundamente en la conversación del coaching y tienden a valorar más el coaching y a su coach.

- En realidad, sólo hay cuatro razones por las cuales las personas dicen que NO:
  - NO lo necesitan
  - NO tienen dinero
  - NO tienen prisa
  - NO tienen credibilidad

  Por Ken Abrams (www.kenabrams.com)

- **BONO: la quinta razón por la cual las personas dicen que NO.** A veces, cuando una persona dice que no, lo que realmente está diciendo es TODAVÍA NO. Cuando les oímos decir que NO, dejamos de contactarlo y de darle seguimiento. Tachamos su nombre y pasamos a la siguiente persona, y ahí es donde eso termina. Y sin embargo, lo que realmente necesita el coachee prospectivo es tiempo y espacio para pensar y prepararse antes de que esté listo para comenzar el proceso de coaching. Espera un seguimiento periódico, valor adicional y conexión.

Escuchar con habilidad, la práctica, y el ensayo-y-error le permite al coach escuchar la distinción entre el NO y el TODAVÍA NO. Identificar el valor agregado es parte de este proceso. Discernir la frecuencia y el tipo de seguimiento es crítico, así como escuchar más allá del NO. **Dar seguimiento es importante**

Cambio: Vender vs. Agregar Valor

Un mito común entre muchos coaches novatos es que tiene que ser capaz de vender para poder tener un negocio de coaching a tiempo completo. O, que tiene que ser un experto en publicidad. Nada podría estar más lejos de la verdad. De hecho, mi experiencia ha sido que los enfoques de marketing y ventas tradicionales no funcionan y con frecuencia distraen a los coaches novatos de invertir en medidas que desarrollarían aún más su negocio de coaching.

En lugar de vender, este cambio se trata de identificar lo que realmente, REALMENTE necesita. Este cambio es acerca de eliminar preguntas como:

- ¿Cómo convencer a la gente a comprar lo que vendo?
- ¿Cómo hago para que quieran lo que ofrezco?

Los autores de *Tuned In,* Craig Stull, Phil Myers y David Meerman Scott se refieren a esto como entender el "Perfil del Comprador," es decir, entender de verdad quién comprará e invertirá en lo que usted está ofreciendo.

> "Entender de verdad los problemas de mercado que sus productos y servicios resuelven para el perfil de sus compradores, transformar su marketing de mera jerigonza egocéntrica sobre un producto específico que sólo usted entiende y que sólo a usted le importa, en valiosa información que las personas están dispuestas a consumir y que usan para tomar la decisión de hacer negocios con su organización."
> —David Meerman Scott

El *Processo de Sintonización (Tuned in Process)* es fácil de aprender y proporciona un modelo para la estrategia de comercialización. (Craig Stull, Phil Myers y David Meerman Scott).

Paso 1: Encuentre los Problemas no Resueltos (para saber en qué mercado y en qué producto enfocarse).

Paso 2: Entender el Perfil del Comprador (Buyer Persona) (para entender quién comprará lo que está ofreciendo).

Paso 3: Cuantifique el Impacto (para saber si tiene un ganador potencial).

Paso 4: Cree Experiencias Innovadoras (para construir una ventaja competitiva).

Paso 5: Articule Ideas Poderosas (para establecer los conceptos memorables que coinciden con los problemas que tiene la gente).

Paso 6: Establezca Conexiones Auténticas (para decirle a sus compradores que ha resuelto sus problemas, así le compran a usted).

Cambio: Casi Soy Un Coach Vs. Yo Soy Un Coach

Alguien de quien fui coach-mentor ofreció la siguiente declaración acerca de mi éxito: "La razón por la que Val tiene éxito como coach es porque Val se vende en el valor de su coaching."

¡Véase a sí mismo como un coach! La capacidad de decir y creer que es un coach es más importante de lo que usted cree. Esta es una de esas veces en las que un poco de confianza extra en uno mismo puede ayudar.

Su Relación Con El Dinero

Por extraño que parezca, su relación con el dinero afectará el éxito y la sostenibilidad de su negocio de coaching. En mi coaching mentor, es común que los coaches novatos oculten su situación financiera actual y futura. Otro escenario común entre los coaches novatos es que se encuentran totalmente abrumados o intimidados por los componentes financieros de una empresa de coaching de tiempo completo.

Yo animo a los coaches novatos para que exploren su relación con el dinero. En muchos casos, los coaches novatos terminan haciéndole un maquillaje a su relación con el dinero. Aquí hay un par de maneras de iniciar un Maquillaje de Dinero

- ¿Cuáles fueron las prácticas y creencias de su familia de origen con respecto al dinero? ¿Qué tanto le funcionan estas prácticas y creencias?

- ¿Cuál es su creencia actual sobre el dinero?

- ¿Qué tanto le servirá su creencia actual del dinero al desarrollar un trabajo de coaching de tiempo completo?

- ¿Qué nuevas creencias y prácticas con respecto al dinero necesita desarrollar?

- Defina una relación sana con el dinero.

- ¿A quién conoce que tenga una relación sana con el dinero?

- Haga un balance de su situación financiera actual. (Una imagen honesta):
  - ¿Cuáles son sus gastos actuales e ingreso?
  - ¿Cuáles son sus gastos anticipados? (Recuerde incluir: impuestos, seguro médico, seguro de responsabilidad, seguro de incapacidad, membresías, etc. No olvide agregar los impuestos correspondientes de su propio país).
  - ¿Cuántos clientes de coaching necesita para satisfacer y exceder sus gastos.
  - ¿Cuándo le pagarán sus clientes? ¿Cómo le pagarán? ¿Cuánto de esto se puede automatizar?
- ¿Cuánta reserva financiera tiene actualmente? ¿Cuánta necesita?
- Desarrolle un plan y un presupuesto financiero. Adhiérase a él y revíselo con regularidad.

Cómo Acelerar Las Cosas

Abajo hay una lista de las mejores prácticas comprobadas para acelerar su transición al coaching de tiempo completo:

- Haga Coaching, Coaching y más COACHING.
- Conecte, Conecte y CONECTE.
- Identifique el Perfil de su Comprador (Buyer Persona) (entienda quién comprará lo que usted está ofreciendo).
- Desarrolle una fuerte base personal.
- Codéese con otros entrenadores novatos que estén haciendo lo mismo.
- Identifique las estructuras y soportes administrativos. Recuerde, no tiene que hacerlo todo usted.
- Decida cómo y cuándo su coachee pagará por sus servicios.
- Automatice tantos procesos como pueda.
- Antes de que alguien le contrate como su coach, prepare su kit de bienvenida, contrato de coaching y carta de presentación.
- Tenga listo un sitio web y tarjetas de presentación.
- ¿Creará un boletín de noticias? ¿Impreso o por correo electrónico? ¿Cuál será la frecuencia de distribución?
- Contrate a un a coach mentor

- Desarrolle relaciones con los coaches experimentados y exitosos para ayuda mutua.

- Desarrolle su discurso de elevador por adelantado. "Yo ayudo a la gente obtener los resultados que quieren. Soy un coach."

Errores Y Mitos

Cuando desarrolle un negocio como coach a tiempo completo, el apoyo es un ingrediente clave para ser exitoso. Considere lo siguiente:

- Puede que los familiares y amigos no consideren el coaching como un negocio viable. Esto puede desalentar fácilmente un coach novato. **Solicite el apoyo y ánimo de su familia y amigos.**

- Usted se sentirá abrumado, desanimado y tensionado por todo lo que no sabe o porque la transición se está moviendo más lento de lo esperado. **¡Trabaje con un Coach Mentor, Codéese con otros coaches!**

- Deje de estresarse financieramente. Ese es un gran desmotivador. Aunque no le agrade la idea de **mantener su trabajo actual**, ¡sólo hágalo!

- Identifique a las personas y organizaciones que realmente, REALMENTE quiere entrenar. Búsquelos. **Sea selectivo al decidir a quién servir de coach**. Recuerde, toma más tiempo construir una práctica de lo que usted cree que toma. **Sea paciente y dese tiempo.**

- Dese cuenta de que está empezando un nuevo negocio y no simplemente consiguiendo un nuevo empleo, iniciando un hobby o mejorándose a sí mismo. **¡Usted es un emprendedor!** En realidad, un emprendedor solo.

- Usted puede pensar que aquellos que le conocen mejor estarán más abiertos a contratar o promover su negocio. En realidad, nuestra experiencia ha sido exactamente la contraria. **Más del 95% de nuestros coachees no nos han visto nunca antes y nunca tuvimos una reunión cara a cara con ellos.** Además, aquellos que han sido de gran ayuda en la construcción de nuestro negocio de coaching, han sido conectores nuevos a los que nunca conocimos en persona.

- Identifique y aborde las creencias limitantes y las falsas suposiciones sobre el desarrollo de un negocio de coaching a tiempo completo. Las creencias limitantes comunes incluyen:

- Nadie me va a contratar porque…
- Las personas realmente no pagan por recibir coaching…
- No puedo…
- Solo soy…

Capítulo Siete

Desarrollando una Base Personal Sólida

Una base Personal sólida es una decisión intencional de vivir su vida de una manera que le apoye para ser su mejor versión (es decir, que pueda rendir al máximo). Una sólida base profesional y personal es un ingrediente clave para ser mejor profesional (es decir, alcanzar metas, obtener el máximo rendimiento, así como ser una valiosa contribución al equipo, etc).

Usando la analogía de una casa, su fundación personal y profesional es la base real sobre la cual se construye su "casa." La Fundación está conformada por tres componentes principales:

- Sus relaciones intrapersonales- sus relaciones con usted mismo.

- Sus relaciones interpersonales-sus relaciones con los demás (especialmente amigos y familia)

- Su perspectiva del propósito de su vida-su contribución y legado.

"Una Base Personal Sólida es
PONERSE SU MÁSCARA DE OXÍGENO PRIMERO;
de esa manera, usted podrá cuidar mejor a los que le rodean."

INICIÁNDOSE

Al comenzar, considere sus respuestas a las siguientes preguntas:

1. ¿Desea poder decir acerca de su Fundación personal y profesional al final de este curso?

2. ¿Por qué resultaría esto importante para los clientes a los que sirve?

3. ¿Cómo ve ésto trabajando para los clientes a los que sirve?

CUÁL ES EL EJERCICIO DE LA VISIÓN

Un fuerte sentido de visión y propósito personal es lo que nos hace avanzar en la vida. Para avanzar efectivamente y con energía, necesitamos saber qué queremos y tener una clara visión de cómo llegar a esa visión/propósito. Este camino a menudo nos priva de nuestra energía, pasión y rendimiento. Cuando trabaje con coachees que estén desarrollando su visión, propósito, etc, considere las siguientes preguntas:

- ¿Cuáles han sido sus logros durante los últimos 12 meses?

- ¿Cuáles son sus fortalezas?

- ¿Dónde está su pasión?

- ¿Qué desea decir acerca de su futuro en cinco años?

- Cuándo piensa acerca de "quién" es usted y qué quiere de la vida, ¿Qué viene a su mente?

> Los rascacielos no se inician al nivel del acalle. De hecho, mientras más alta se a la construcción, más profundos serán sus cimientos. Esto funciona de igual manera para las personas

- Según la pregunta anterior, ¿Dónde están sus brechas?

    - ¿Qué debe hacer en los siguientes 30 días? ¿En los siguientes 6 meses?

    - ¿Cuáles son dos cosas que podría hacer inmediatamente para avanzar?

- ¿Qué historia de vida desea contar?

- Escriba su declaración de visión personal/ propósito

> Las personas trabajan...
> *Duro* por un sueldo
> *Más duro* por una persona
> *Mucho más duro* para un propósito

A menudo no somos exitosos al avanzar porque tenemos prioridades que compiten o nos estamos centrando en las "urgentes" en vez de en las "importantes." Es imperativo tener metas claramente definidas para establecer las prioridades con precisión. El siguiente ejercicio es excelente para que el coachee al considerar sus prioridades.

EJERCICIO DEL ENREJADO DE PRIORIDADES

INSTRUCCIONES: Considere las tareas, solicitudes, "pendientes," etc., en su vida y colóquelos en la siguiente tabla. A continuación, evalué los resultados de su enrejado y determine sus próximos pasos de mayor alcance.

MÁS URGENTE	IMPORTANTE
(Necesita atención inmediata)	*(Una prioridad)*
1.	1.
2.	2.
3.	3.
URGENTE E IMPORTANTE	**NO ES URGENTE y NO ES IMPORTANTE**
(Necesita atención y es una prioridad)	*(No necesita atención inmediata y no es una prioridad)*
1.	1.
2.	2.
3.	3.

¿Cuáles serán sus Próximos Pasos Poderosos?

EL EJERCICIO DE LA RUEDA DE LA VIDA

El ejercicio de la Rueda de la Vida proporciona una representación visual de cómo y dónde está gastando su tiempo. Mientras construye su propia Rueda de la Vida cuenta lo que es importante para usted—por ejemplo, familia, amigos, pareja, dinero, salud, carrera, ambiente físico, espiritualidad, diversión/recreación, crecimiento personal, educación, etc. Luego divida su círculo y agregue sus propias áreas de vida personal.

Una vez que enumere las áreas de su vida, el siguiente paso es calificarse a sí mismo en cada una de sus áreas de la vida en una escala de 1 a 10 (siendo el más bajo 1 y 10 siendo el más alto). El centro de la rueda representa 0 mientras que el borde exterior representa 10. Califique su nivel de satisfacción con cada área de la vida mediante la elaboración de un nuevo "borde externo." El nuevo perímetro del círculo representa su Rueda de la Vida.

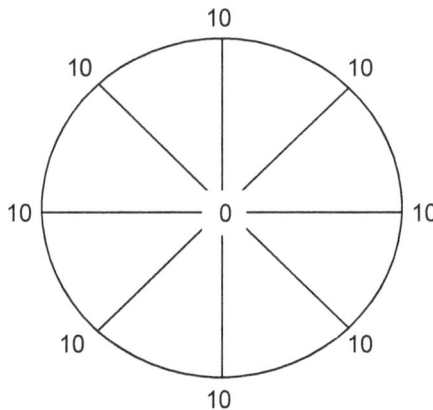

Considere estas preguntas:

- ¿Sería un viaje suave o muy agitado si esta rueda fuera una rueda real?

- ¿En qué dos áreas desea concentrarse primero?

- De esas dos áreas, ¿cuáles son tres de cuatro cosas que puede hacer de inmediato (en los siguientes 30 días) para mejorar el nivel de satisfacción en esas áreas?

- ¿Cómo se asegurará de ser responsable de las acciones que desea tomar?

EJERCICIO PARA "DENTRO DE DOCE MESES"

¿Qué podría ser peor que nacer ciego?
Nacer ciego y sin visión.
~Helen Keller

Otro ejercicio diseñado para conseguir que su coachee tenga en cuenta lo que quiere lograr en los próximos 12 meses es el ejercicio "Dentro de 12 Meses" En la primera parte, pídales que escriban lo que quieren decir sobre el año pasado desde la perspectiva de "ver hacia atrás" en los últimos 12 meses. Esencialmente, está haciéndolos pensar en el futuro y haciendo que definan sus metas a través de lo quieren decir sobre el año pasado.

Preguntas que podría hacer para generar este tipo de pensamiento:

- En la primera parte, escriba lo que espera haber logrado en los últimos 12 meses, como si fueran documentando sus logros.

- Si pudiera alcanzar sus metas en los próximos 12 meses, ¿qué ¿parece?

- ¿Qué quiere decir acerca de sus logros en 12 meses?

Una vez que haya documentado sus logros, trabaje "hacia atrás" para fijar metas para los próximo 30 y 60 días para alcanzar esos logros. Recuerde que este es un documento vivo y debería ser actualizado según se logren los objetivos o como cambien las cosas

PARTE 1: Qusiera decir lo siguiente sobre el año pasado...

1. _____

2. _____

3. _____

4. _____

5. _____

PARTE 2: Acciones a 30 días

	Acción	Fecha de Término
1.		
2.		
3.		
4.		
5.		

PARTE 3: Acciones a 60 Días

	Acción	Fecha de Término
1.		
2.		
3.		
4.		
5.		

EJERCICIO NO MAS TOLERANCIA

Si está haciéndolo porque cree que debería, ¡entonces deje de DEBERIARSE *a sí mímso!*

Otra manera de ayudar al coachee avanzar es considerar qué actividades son energizantes (le nutren, alimentan su pasión, etc.) y qué actividades le están drenando (crean estrés físico y emocional, dolor, tirantez, etc..). Es importante considerar lo que está tolerando que debe manejarse (es decir, un problema financiero o relacionado con el trabajo, una relación estresante, un proyecto que ha estado en un segundo plano para demasiado largo, etc.).

Una manera de avanzar es liberarse de hábitos actuales, alteraciones y patrones, que no se centran en alimentar pasiones o que no van hacia las metas. Me encanta hacer limpieza de primavera ya que ayuda a eliminar el desorden y eliminar elementos innecesarios, abriendo así más espacio. Del mismo modo, cuando nos liberamos de las tolerancias, hacemos espacio para otras posibilidades y para simplemente «ser». Aquí es, a menudo, donde la creatividad, los cambios y los avances se producen.

Tome la teoría del "armario de ropa." Para hacer espacio para la ropa nueva y divertida, ¡debemos deshacernos de la ropa vieja y aburrida! Asimismo, para movernos nosotros mismos hacia adelante, debemos ser agresivos en la limpieza de nuestra casa mental, de nuestras tolerancias y los hábitos que nos impiden avanzar positivamente.

Abordando las Tolerancias

Considere las siguientes preguntas para dar inicio a la conversación.

* ¿Qué (o a quién) está usted tolerando, y esto está interfiriendo con su crecimiento personal y profesional y su cuidado?

* ¿Qué hábitos o rutinas diarias NO están enriqueciendo su vida?

* ¿Cómo están funcionando sus límites en éste momento?

* ¿Dónde están débiles sus límites?

* ¿En qué manera puede ampliar considerablemente los límites débiles?

* ¿Qué necesita atención inmediata?

* ¿Qué está apasionado por lograr en los próximos 90 días?

* ¿Qué hábitos de pensamiento, procesos, etc., debe eliminar para avanzar con éxito?

* ¿La vida de quién está viviendo?

EL EJERCICIO DE ENFOQUE C.O.R.E.

Otro enfoque que puede utilizar es el de C.D.L.E.—Completar, Delegar, Liberar, Explorar. El enfoque C.D.L.E. ayuda a reforzar la posición y a considerar qué es lo que no está haciéndose.

1. ¿Qué puedo **COMPLETAR?** Fije fechas y complete.

Tarea	Fecha

2. ¿Qué puedo DELEGAR? Pida ayuda o delegue

Tarea	A Quién	Para Cuándo

3. ¿Qué puedo **LIBERAR?** Tome la decisión de alejarse y liberar (por X cantidad de semanas/meses).

Tarea	Para Cuándo

4. ¿Qué puedo **EXPLORAR?** ¿Qué me dá energía y voludntad y agrega valor a mi vida?

Idea	Para Cuándo

EJERCICIO DE ENFOQUE/REENFOQUE

La capacidad para responder a los retos de su vida personal y profesional no es accidental. A menudo incluye una comprensión realista de lo que está ocurriendo realmente en la totalidad de nuestra vida. Un ejercicio que encontramos valiosos es el ejercicio de Enfoque/Reenfoque

El ejercicio de Enfoque/Reenfoque consiste en tener en mira las siguientes áreas y considerar cómo está usted desempeñándose en su vida.

*   **Tiempo de Descanso.** Cuide su cuerpo físico. Descanso y relajación.
*   **Tiempo de Resultados.** Mantenga las prioridades como prioridades.
*   **Tiempo de Respuesta.** Asegúrese de dar seguimiento.
*   **Tiempo de Reenfoque.** Haga tiempo en su agenda para corregir el curso y afinar asuntos.

La "R" final es la más olvidada. Reenfocar el tiempo es una oportunidad para poner las cosas en equilibrio y tener una perspectiva de actualización. El tiempo de reenfoque es esencial para aplicar una nueva visión o vivir sus sueños y esperanzas.

Para apoyar al coachee a que logre tener claridad, pídale que respondan a cada pregunta a continuación. Anote sus respuestas. Considere lo siguiente:

- ¿Qué categoría recibe el mayor tiempo?

- ¿Qué categoría recibe el menor tiempo?

- ¿Cuál es el impacto de las respuestas que dio en las preguntas 1 y 2?

- ¿Cómo se vé su estado perfecto?

Ahora considere estas preguntas:

- ¿Que necesita hacer para convertir esto en una realidad? (Su estado perfecto).

- Identifique los cambios específicos y ajustes necesarios.

- ¿Qué acción tomará en la próxima semana? ¿30 días?

EJERCICIO DE SÍ Y NO

Cuando se trabaja con el coachee en su futuro preferido, es importante ayudarles a comprender el cuándo, cómo y por qué decir "sí" y "no" a las peticiones de su vida. Considere el ejercicio Diciéndo Si y No para ayudar a que su coachee determine cómo avanzar según su futuro preferido declarado. El objetivo es que el coachee haga un buceo profundo en su estado actual, considere lo que debe ocurrir, y a continuación establezca una acción para hacer que cambie y se convierta en una realidad.

Defina el Futuro Preferido (Meta, Sueño, etc.):

Basándose en el Futuro Preferido, complete lo siguiente:

Diré SI a lo siguiente:

Lo que significa que diré NO a lo siguiente:

Diré NO a lo siguiente:

Para poder decir SI a lo siguiente:

¿Cuáles son los siguientes tres pasos más poderosos que puede dar hacia su futuro preferido?

EJERCICIO DE HÁBITOS EFECTIVOS

Mientras ayudamos a los coachees a definir su visión y propósito, a eliminar alteraciones, romper hábitos y a saber cuándo decir "sí" y "no," también debemos enfocarnos en los nuevos hábitos que necesitan tener. El ejercicio de Hábitos Efectivos ayudará al coachee a identificar sus nuevos hábitos para el éxito.

> Los buenos hábitos, una vez establecidos, son tan difíciles de romper, como los malos hábitos.
> ~Robert Puller

INSTRUCCIONES: Considere los hábitos diarios y semanales que apoyen su meta/visión/elección.

Hábito	Diario	Seman

EJERCICIO DE LA LUZ ROJA/LUZ VERDE

Cuando el avanzar parece desalentador, una buena actividad es la actividad de Luz Roja/Luz Verde. Esta está diseñada para proporcionar claridad alrededor de los "pros" y los "contras" de su implementación.

> Nadie ha, o podrá, escaparse de las consecuencias de sus decisiones.
> ~Alfred A. Montapert

INSTRUCCIONES: En este ejercicio, por favor considere los pros y los contras de implementar y no implementar ciertas metas y/o elecciones. Considere su meta y/o elección desde las siguientes cuatro perspectivas.

Por favor describa sus metas/elecciones:

PROS de implementar las metas/elecciones

CONTRAS de implementar las metas/elecciones:

PROS de **NO** implementar las metas/elecciones:

CONTRAS de **NO** implementar las metas/elecciones:

Una vez completo, discuta con el coachee sus respuestas, sus opciones y las consecuencias asociadas (positivas y negativas), luego pase a la acción y a las responsabilidades

PENSAMIENTOS FINALES...

Si hubiese leído la historia que apareció en la portada del San Francisco Chronicle en miércoles, 14 de diciembre de 2005, se habría enterado de una ballena jorobada hembra que se quedó enredada en una telaraña de trampas y líneas para cangrejos. Tenía encima cientos de libras de trampas que la hacían luchar para mantenerse a flote. También tenía cientos de yardas de línea envuelta alrededor de su cuerpo, su cola y su torso, y una línea que tiraba de su boca. Un pescador le vio justo al este de las islas Farralone (fuera del Golden Gate) y llamó por radio un grupo ambientalista para ayuda. A las pocas horas, el equipo de rescate llegó y determinó que la situación era tan mala, que la única manera de salvarla era bucear para desenredarla, lo cual resultaba ser una propuesta muy peligrosa. Un coletazo cola podría matar a un rescatista.

Trabajaron durante horas con cuchillos curvos y eventualmente la liberaron. Cuando estuvo libre, los buzos dicen que nadaba en lo que les parecía ser alegres círculos. Luego se volvió con cada buzo, uno a la vez y les empujó. Los empujó suavemente a su alrededor, ella les agradeció. Algunos dijeron que era la mejor experiencia, la más increíble y hermosa de sus vidas. El hombre que cortó la cuerda de su boca dice que su ojo le estaba siguiendo todo el tiempo, y que él nunca será el mismo

Un coach no es muy diferente a los buzos que liberaron a la ballena. Los buenos coaches trabajan para ayudar a sus clientes a que se "desenreden" de las cosas que los atan.

Capítulo Ocho

Coaching y Conflicto

Todos aquellos que trabajan con individuos y equipos se encuentran, en un momento u otro, en medio de un conflicto. Muchos líderes y coaches se sienten insuficientemente preparados para el conflicto. En nuestro intento de resolver el conflicto, podemos o escalarlo, o abordar la causa de la cuestión, y ambos hacen poco para resolver la situación de conflicto. Como entrenadores, nos encontramos con frecuencia impartiendo coaching a los individuos y a los grupos acerca del tema del conflicto.

El confictlo efectivo es la clave para preservar las relaciones y avanzar positivamente. Cuando es abordado efectivamente, el conflicto puede llevar a mejores soluciones, mejor creatividad y mejores relaciones. Cuando se aborda de manera ineficaz, el conflicto puede destruir las relaciones y obstaculizar o detener la resolución de problemas.

En las relaciones, organizaciones y equipos, el conflicto es inevitable, sin embargo, "combate" es opcional. El cómo elegimos "aparecer" en las situaciones de conflicto determinará si participamos en el "conflicto" o en el "combate."

El conflicto es como el "fuego," cuando se maneja adecuadamente es útil, positivo y necesario; Cuando se maneja inadecuadamente o se deja desatendido, el conflicto puede fácil y rápidamente destruir relaciones, equipos y organizaciones.

La AUTO-CONCIENCIA es clave para el conflicto efectivo.
Para abordar con eficacia los conflictos debemos ser conscientes de nuestras acciones.
Usted ¿REACCIONA o RESPONDE?

Niveles de Conflicto

Una consideración importante cuando se trata de conflictos es recordar que es un proceso; El cómo nos relacionamos con ese proceso va a determinar nuestra efectividad en el conflicto.

El conflicto se produce en diferentes niveles con diferentes comportamientos y perspectivas. Los niveles de conflicto son los siguientes:

Nivel 1: DIFERENCIAS

- Ve la situación de manera diferente
- Entiende las percepciones y diferencias de los demas
- No hay un malestar verdadero

Nivel 2: MALENTENDIDO

- ¿En qué está pensando?
- No entiende las diferencias

Nivel 3: DESACUERDO

- Ve la situación de manera diferente
- Se siente incómodo de que la otra persona no está de acuerdo

Nivel 4: DISCORDIA

- **Molestia tanto en la en la interacción, como en el tema.**

Nivel 5: POLARIZACIÓN

- Inicio del reclutamiento de otros para que se unan a la causa.

Cuando está impartiendo coaching, es importante determinar en qué nivel, como coach, entrará en el conflicto, así como la forma en la que abordará la situación. En el nivel uno puede encontrarse mucho menos implicado (si es que lo está) que en los niveles dos y tres. En los niveles dos y tres probablemente estará más involucrado, con un énfasis especial en ayudar a aquellos involucrados ver la situación claramente, de forma diferente y respetuosamente. En los niveles cuatro y cinco, probablemente establecerá expectativas claras y trabajará para encontrar un terreno común y recuperar el respeto.

Una vez trabajé con dos equipos internos que estaban en conflicto, lo que condujo a un problema externo con un cliente clave. Este equipo había logrado llegar al nivel cuatro antes de que comenzaran a trabajar conmigo. Lo primero que tenía que ser restablecido eran las expectativas, las reglas y la confianza. El coaching que se dio al principio fue más directo y enfocado. Una vez que el equipo empezó a recuperar cierta confianza y apertura, el proceso de coaching se hizo más flexible y fluido.

Estilos de Conflicto y Planteamientos

Su estilo de conflicto, en gran parte, determina cómo usted responde, imparte coaching y trabaja en el conflicto. Los enfoques generales al conflicto caen en los siguientes estilos.

- Ganar a toda costa
- Paz a toda costa
- Rendirse
- Dividir la diferencia
- Ganar/Ganar

Al resolver conflictos de manera colaborativa se obtienen mejores resultados y se mantiene la relación. Salirse con la suya a corto plazo, a expensas de una relación, generalmente resulta en una pérdida a largo plazo. Los conflictos se resuelven mejor mediante la colaboración que mantiene la relación Y resuelve con éxito el problema.

Como individuos con diversidad de orígenes, familia y perspectivas, todos tenemos nuestro propio enfoque individual del conflicto. En este enfoque también tenemos puntos "disparadores" que pueden crear un conflicto más rápidamente para cada uno de nosotros.

Un componente importante en el conflicto efectivo es el estar consciente de qué inicia el conflicto para cada uno de nosotros individualmente. Según los autores del Conflict Dynamic Profile (Perfil del Conflicto Dinámico), hay nueve factores desencadenantes típicos de conflictos:

> Sus acciones hacia el conflict envían un mensaje acerca de cómo maneja usted los conflictos.

1. Irresponsabilidad
2. Demasiado Analítico
3. Poco Apreciativo
4. Distante
5. Microgestionar
6. Egocéntrico
7. Abrasivo

8. Poco fiable

9. Hostil

Algunas Maneras Constructivas de responder al conflicto incluyen:

- Centrarse en los hechos, no en la persona o nuestras suposiciones.

- Tómese un tiempo, aléjese y re- agrúpese.

- Examine su perspectiva analizando los pros y contras por igual.

- Exprese constructivamente las emociones.

- Responda en vez de reaccionar.

- Tienda la mano, pregunte y esté abierto a la perspectiva de los otros.

- Tenga un pensamiento reflexivo, examine sus sesgos, preferencias y puntos ciegos.

- Adáptese y sea flexible.

Algunas Maneras Destructivas de responder al conflicto incluyen:

- Querer ganar a toda costa.

- Demostrar enojo.

- Degradar a los demás

- Buscar venganza.

- Evitar la situación de conflicto y/o a las personas involucradas en él.

- Complacer de forma pasiva o agresiva..

- Esconder las emociones.

- Auto criticar.

Los BENEFICIOS del Conflicto incluyen:

- Estimula la creatividad y la lluvia de ideas.

- Mejora el trabajo en equipo.

- Alienta la escucha.

- Promueve el pensamiento reflectivo.

- Brinda nueva información.

- Señala que el cambio se está dando

Los COSTSOS del Conflicto incluyen:

- Decisiones de mala calidad.

- Envenena las relaciones

- Interrumpe la productividad.

- Inhibe la comunicación

Cómo se Muestra

Los conflictos efectivo implican escuchar a la otra persona, estar abierto a nuevos o diferentes puntos de vista y hacer preguntas para ganar perspectiva. En situaciones de conflicto, tenemos que vigilar constantemente nuestras acciones, así como las de los otros, para garantizar que avanzamos adecuadamente. En el conflicto efectivo, CÓMO abordamos la situación es igualmente (si no más) importante que LO QUE HACEMOS o decimos en nuestro enfoque.

> La INTENCIÓN no siempre es igual a nuestras ACCIONES. Somos juzgados por nuestras acciones no por nuestras intenciones. Muy raras veces conocemos al 100% las intenciones de los demás Por lo tanto, es peligroso asumir.

Cuando impartimos coaching en un conflicto, una consideración clave es cómo nos mostramos para interactuar en la situación. Hay tres áreas principales para su consideración:

1. La primera área es cómo USTED se presenta--cómo decide personalmente entrar en el conflicto – su actitud.

2. La segunda área es su enfoque al trabajo. Cómo ve el conflicto y cómo trabaja posteriormente para resolverlo – la tarea de resolver el conflicto.

3. La zona final es cómo trata a otros en el proceso de resolución del conflicto—el lado de la relación de la resolución de conflictos.

   - **Escuche.** Libre de juicios y con una mente abierta.

   - **Elija sus batallas inteligentemente.** Sepa cuándo avanzar y cuándo alejarse.

   - **No asuma que conoce los hechos.** Pregunte y realmente escuche las respuestas, mantenga una mente abierta.

    – **Encuentre cosas en común.** Trabaje para encontrar cosas en común y/o acceda y luego inicie desde esa perspectiva.

Cómo lo Resuelve

* **Obtenga una visión desde el otro lado de la valla.** Observe la situación objetivamente. Intente primero entender. Siempre que sea posible, dese tiempo para "refrescarse."

* **"Responder" versus "Reaccionar."** No pierda el control emocional.

* **Asuma la responsabilidad de su parte del conflicto.** Sea el dueño de su parte. Sea honesto, sincero y esté listo para enfrentar su parte.

* **Llegue a la causa.** Asegúrese de que usted entiende la causa, no sólo lo superficial.

* **Poniendo sus estándares en los demás.** Asegúrese de que usted es respetuoso y que se esfuerza por comprender los estándares de los demás sin imponerlos.

Cómo Trata a los Demás

* **Resuelva sus diferencias en privado.** Mantenga el conflicto entre la(s) persona(s) involucradas, sin audiencia innecesaria.

* **Trate a los demás con respeto.** Reconozca a la otra persona. Trátelos como le gustaría ser tratado.

* **A la gente no le importa cuánto sepa hasta que sepan que a usted, ellos le son importantes.** En el conflicto, "saber que a usted le importa" podría ser el cambio que lleva la conversación hacia la resolución.

* **Ganar/Ganar.** Observe cómo cada uno puede salir con algo positivo.

* **Dando mensajes opuestos.** Diciendo una cosa y haciendo otra. Conflictos verbales y no verbales.

* **Esconderse detrás de la tecnología.** Uso de correo electrónico, mensajes de voz, texto, etc., para evitar la interacción.

En resumen, recuerde que el conflicto efectivo puede ser una señal positiva en las vidas de aquellos a los que imparte coaching, así como puede mejorar las relaciones, apoyar la creatividad e indicar que están ocurriendo cambios y avances para apoyar el avance. La clave para utilizar los conflictos para mejorar las relaciones es recordar tener conflictos efectivos, y no combates totales.

Capítulo Nueve

El Líder de Coaching

El coaching es una habilidad importante para los líderes que trabajan con individuos y equipos. El líder que imparte coaching contribuye al rendimiento individual y del equipo, brinda oportunidades de desarrollo para aquellos a quienes lidera y apoya las vias para empoderar a otros a avanzar positivamente y con éxito

Las conversaciones de coaching puede ocurrir en varias formas – en sesiones individuales, reuniones ad hoc para resolver problemas y exámenes de rendimiento, trabajando con equipos intactos, como una herramienta para profesionales de RRHH y líderes organizacionales, o como parte de las conversaciones de retroalimentación.

> Muchas de las corporaciones mundiales más admiradas, desde o GE hasta Goldman Sachs –invierten en coaching. El l costo anual del coaching en los Estados Unidos se estima en aproximadamente $1 billón de dólares.
> ~Harvard Business Review

John Whitmore, autor de *Coaching for Performance: GROWing Performance, People and Purpose (Coaching para el Rendimiento:, Rendimiento Creciente de Personas y Propósitos)*, afirma que "la tarea principal de un entrenador es crear CONCIENCIA e invocar RESPONSABILIDAD." Aquellos equipados con fuertes habilidades de coaching crecerán como futuros líderes y serán la "norma" en las organizaciones que sean eficaces y exitosos

Un estudio realizado por el Grupo Manchester encontró los siguientes efectos del buen coaching, como se hace referencia en el artículo *Return on Investment in Coaching Studies – 11 Study Summary (Retorno de la Inversión en Estudios de Coaching-11 Resumen de Estudio)*:

- Mejora en relaciones – 77%
- Trabajo en equipo reforzado– 67%
- Satisfacción en el trabajo – 61%
- Productividad – 53%
- Calidad: 63%

Jack Zenger, CEO de Zenger Folkman y autor de varios libros sobre liderazgo en negocios y coaching, incluyendo el *Results Based Leadership and the Extraordinary Coach: How the Best Leaders Help Others Grow (Liderazgo Basado en Resultados y el Coach Extraordinario: Cómo los Mejores Líderes Ayudan a Otros a Crecer)*, llevó a cabo varias investigaciones sobre coaching y surgieron los siguientes, muy importantes, cinco resultados empresariales

Cuando el gerente es un *coach eficaz*:

- Los empleados son más productivos y tienen más probabilidades de dar más.
- Los empleados están más comprometidos, satisfecho y comprometidos.
- Existe una alta correlación entre el coaching y la retención de empleados.
- Los empleados creen que tienen la oportunidad de crecer y avanzar.
- La retroalimentación y la relación con su gerente es más positiva.

El coaching es una forma práctica y tangible para aprender a liderar con eficacia. El coaching puede usarse para desarrollar habilidades o solidificar habilidades aprendidas en el entrenamiento. El coaching aporta valor en los siguientes aspectos:

- **Enfoque Individualizado.** A la medida, para adaptarse a cada individuo.
- **Enfoque orientado.** Se centra en abordar temas/preocupaciones importantes para el individuo.
- **Enfoque sostenible.** No da consejos. Trata de ayudar a las personas a encontrar sus respuestas y aprender a avanzar en ese conocimiento.
- **Enfoque Impulsado por los Resultados.** Sostiene a los individuos como responsables de sus acciones y resultados asociados.

Cuando hablo con los clientes, encuentro que los individuos que participan en capacitación de coaching comparten los siguientes comentarios sobre su crecimiento profesional y aprendizaje:

- Realmente necesito afinar mi habilidad de escuchar y concentrarme en la escucha profunda.
- Necesito dejar de "dar consultoría" (decir) y comenzar a impartir "coaching" (preguntar).
- Necesito pasar menos tiempo hablando y más tiempo escuchando.
- Necesito hacer preguntas poderosas que provoquen una nueva concientización.

- Tengo que dejar de dar consejos y dejar que otros encuentren las respuestas por sí mismos.

- El modelo de entrenamiento es una pauta, es una manera en la que yo puedo estructurar la conversación para que se cree conciencia y se admita la acción y la rendición de cuentas.

- La rendición de cuentas es la clave para todas las conversaciones.

Cuando entreno a los líderes a utilizar el coaching, a menudo utilizan el término "enfoque de coaching," que significa incorporar principios de coaching en su estilo de liderazgo. Cuando empecé mi entrenamiento de coaching, rápidamente me di cuenta de que las habilidades de coaching cambiarían drásticamente no sólo mi acercamiento a las personas principales, sino también a la construcción de equipos, crianza de los hijos, comunicación con otros e incluso a la consultoría. Aprendí rápidamente que usando un enfoque de "coach" en mis interacciones, se producen mejores resultados, más compromiso y un mayor nivel de rendición de cuentas. Lo que descubrí fue que un enfoque de coach incluye lo siguiente:

- Establecer el acuerdo de coaching, informalmente, al descubrir la perspectiva más importante o tema a discutir y luego entender el resultado deseado.

- Escuchar profundamente a la comunicación verbal y no verbal.

- Ser curioso y hacer preguntas que conducen al conocimiento, descubrimiento y acción.

- Diseñar acciones al igual que estructurar la rendición de cuentas y dar seguimiento hasta asegurar que se ha logrado el progreso.

Mientras que los ocho bloques de edificio son importantes, como un líder de coaching, los siguientes son bloques de construcción claves cuando se utiliza el coaching como una herramienta de liderazgo.

- El Contrato de Coaching
  - Qué discutir y el resultado esperado
- Preguntas Poderosas
  - Descubrimiento, concientización, acción de avance
- Escucha Profunda
  - Para el coachee—verbales, no-verbales, tono, inflección, ritmo.
  - Para el coach—despejar su mente de distracciones, eliminar multitareas tanto física como mentalmente

- Creando Conciencia
  - Distinciones, desafiando las creencias limitantes y las falsas suposiciones
- Acción, Rendición de Cuentas y Seguimiento
  - Diseñar la acción, la estructura de la rendición de cuentas y fijar el seguimiento

Como un líder de coaching se encontrará con situaciones que pueden ser "ricas en contenido" o "libres de contenido," y deberá adaptar su coaching para que sea eficaz. La retroalimentación y las discusiones de revisión de desempeño, así como de entrenamiento, tienden a ser entornos ricos en contenidos, mientras que las discusiones de resolución de problemas y desarrollo tienden a ser entornos libres de contenido.

El coaching de contenido rico se refiere generalmente al coaching en situaciones donde hay una base de contenido estándar, tales como currículo, SOPs, instrucción de trabajo, etc. y se fijan roles y objetivos definidos. En estas situaciones, usted está impartiendo coaching dentro de un contenido ya definido.

Cuando imparte coaching en un entorno de contenido rico, tiende a impartir coaching desde la perspectiva de escuchar, cuestionar, y de rendición de cuentas. Las fuertes habilidades de escucha junto con preguntas poderosas son más eficaces. Con frecuencia, el mejor enfoque es hacer preguntas del contenido y luego utilizar sus habilidades de escucha profunda para entender las reacciones y las respuestas que se comparten. Escuche para ver si existen creencias limitantes y falsas suposiciones y comparta sus perspectivas y observaciones. Por último, utilice sus habilidades de rendición de cuentas y responsabilidad para garantizar que el aprendizaje se lleve a cabo.

Un coaching libre de contenido generalmente se refiere a situaciones donde el contenido es mínimo o casi inexistente. Los roles y objetivos no están claramente definidos.

Cuando se imparte coaching en un entorno libre de contenidos, es importante establecer el acuerdo de coaching más los resultados acordados y enseñanzas para el grupo. Luego, continúe con el modelo de coaching.

Coaching versus Retroalimentación

Cuando esté impartiendo coaching como líder, es muy importante entender la distinción entre coaching y retroalimentación.

El Coaching es el proceso de asociarse con individuos y equipos de manera deliberada, creativa, y basada en la acción para maximizar el potencial, diseño de acciones y la acción personal, al igual que la responsabilidad.

La Retroalimentación es generalmente unilateral y está destinada a ofrecer asesoramiento, perspectiva y opinión sobre una situación particular, comunicación o meta. En la mayoría de los casos, es una respuesta subjetiva o datos evaluativos sobre el desempeño pasado.

El Coaching:

- Se enfoca en el futuro
- Mejora las habilidades ya existentes
- Descubre desafíos y oportunidades
- Está orientado a las preguntas
- Hace las preguntas adecuadas

La Retroalimentación:

- Se enfoca en el pasado
- Da consejos
- Es evaluativa, por su naturaleza
- Es correctiva
- Está orientada hacia las opiniones

El coaching y la retroalimentación son importantes en el lugar de trabajo, pero no son lo mismo. A veces se utilizan en la misma conversación, mientras que otras veces son conversaciones separadas. *La clave para ser un líder eficaz debe saber cuándo impartir coaching, cuando dar retroalimentación y cómo y cuándo unir el coaching y la retroalimentación.*

En las revisiones de evaluaciones, un enfoque de coaching puede ser utilizado para mejorar la eficacia de la revisión del desempeño. La mayoría de los comentarios sobre el rendimiento están diseñados para proporcionar una retroalimentación sobre el desempeño en un determinado período de tiempo, basado en un conjunto de normas de competencia.

Un enfoque de coaching aumentará la efectividad de la revisión del desempeño al empoderar al individuo que recibe el examen de rendimiento para que se involucre activamente en la revisión y toda acción futura asociada. El proceso siguiente proporciona una guía para incorporar el coaching en las discusiones de revisión de rendimiento

PASO 1: Establezca la Discusión del Informe de Rendimiento.

Discuta cómo funcionará el proceso, lo que está en él para ellos, qué espera lograr, los beneficios de este tipo de discusión, y cómo ésta apoyará su relación de trabajo en el futuro. Pregúntele al individuo qué es lo que quiere lograr en la discusión del informe de rendimiento.

PASO 2: Pregúntele al Destinatario por su Perspectiva.

Envíe el documento de revisión de rendimiento a la persona antes de tiempo, pídale que lo revise y que esté preparado con preguntas y con su perspectiva sobre la información contenida en él. Deles una oportunidad AL PRINCIPIO de la reunión para discutir su punto de vista.

PASO 3: Utilice las Habilidades de Escucha Profunda, Preguntas Poderosas y Creación de Conciencia.

Cuando el individuo empiece a dar su punto de vista, utilice sus habilidades de escucha profunda para realmente escuchar lo que está siendo compartido. Haga preguntas poderosas. Busque maneras de ayudarles a descubrir y tomar conciencia de los aprendizajes claves. Realmente escuche lo que el individuo está diciendo acerca de su desempeño. Observe cómo el individuo internaliza e interpreta los datos.

PASO 4: Aporte Su Perspectiva sobre el Reporte de Rendimiento.

De su punto de vista sobre los datos facilitados, así como cualquier punto de vista sobre la respuesta del individuo. Al proporcionar retroalimentación, busque formas de comunicarse de un modo que refleje su enfoque de coach.

PASO 5: Discuta Brechas y Diseño de Acción.

Ayude al individuo a considerar las brechas y su meta deseada. Apoye al individuo en su lluvia de ideas y a desarrollar acciones para hacerlos avanzar y cerrar la brecha, partiendo de su objetivo deseado.

PASO 6: Desarrolle un Plan para la Acción, la Rendición de Cuentas y el Seguimiento.

Discuta y valide las acciones a implementar. Colaboren juntos en un plan de rendición de cuentas y seguimiento regularmente para asegurar que el avance está teniendo lugar.

A menudo me preguntan "¿Cuándo NO debe usted impartir coaching?" Mientras que el coaching puede ser utilizado efectivamente en muchas situaciones, hay momentos en los que el coaching no es la herramienta más eficaz. Considere las siguientes como señales de que un enfoque de coach puede no ser el mejor

- Cuando hay una falta de habilidad o capacidad
- Cuando el avance y/o el progreso se ve impedido por asuntos pasados
- Cuando no hay motivación o deseo de moverse hacia adelante
- Cuando se necesita cierta retroalimentación específica
- Cuando se necesita una acción disciplinaria

Capítulo Diez

Laboratorio Individual y de Grupo de Coaching

ENFOQUE DE TRIPLE DE APRENDIZAJE

El laboratorio de coaching proporciona a cada participante la oportunidad de profundizar sus competencias de coaching mediante el uso de las habilidades en una situación real mientras que está siendo supervisado. Está diseñado para proporcionar un ambiente seguro, constructivo y real para los individuos en entrenamiento de coaching para practicar sus habilidades y recibir retroalimentación. Cada persona tendrá la oportunidad de ser el coach, el coachee y el observador.

El laboratorio de coaching proporciona a los individuos un triple enfoque para el aprendizaje:

- Como **coach**, usted podrá practicar sus habilidades en un entorno real y vivo.

- Como **coachee**, usted tendrá la oportunidad de aprender, experimentando el coaching desde la perspectiva del coachee.

- Como el **observador**, usted tendrá la oportunidad de aprender mientras observa la sesión de coaching en el proceso

RETROALIMENTACIÓN ESCRITA

Hay dos razones importantes por las que la retroalimentación escrita es requerida:

1. Para ayudar al coach a convertirse en un mejor coach
2. Para ayudar al observador a aprender los "8 Bloques de Construcción del Coaching."

DANDO RETROALIMENTACIÓN

Cuando comparta sus observaciones y sugerencias:

- Reconozca al coach las acciones o habilidades que hicieron avanzar al coachee.

- Alabe el coaching exitoso y diga específicamente por qué tuvo éxito.

- Señale los de activos valiosos, como el sentido del humor –al coach.

- Comparta con los coaches las áreas que necesitan mejora.

- Ofrezca elogios y sugerencias con tacto – *de la misma manera que le gustaría recibir retroalimentación a usted, cuando usted sea el coach.*

- Evite declaraciones de juicio tales como: "Usted debería."

Recursos

RECURSO A: LOS OCHO BLOQUES DE CONSTRUCCIÓN DEL COACHING

Este documento está diseñado para ser utilizado como una Guía de Referencia Rápida y como una herramienta para la revisión de los Ocho Bloques de Construcción del Coaching.

1. Escucha Profunda

Escuchar se define como:

- Ser curioso acerca de la otra persona.
- Aquietar la charla de su propia mente para que usted pueda estar plenamente presente con otra persona.
- Crear un espacio seguro para que alguien pueda explorar.
- Transmitir valor. Eres importante para mí.
- No se trata de dar respuestas, sino explorar posibilidades.
- Reflejar, como un espejo, lo que experimentó de la persona.
- Realmente entender a la otra persona.

A qué estar atento:

- Escuche el contexto en vez de sólo el contenido.
- Escuche los valores, las creencias, las frustraciones, y lo que se dice contra lo que no se dice.
- Preste atención a las creencias limitantes y las falsas suposiciones.

Desafíos de la Escucha:

- Aquietar la mente o la "plática interna".
- Pensar lo que se va a decir después.
- Sentirse incómodos con el silencio.
- Estoy muy ocupado como para escuchar

2. Preguntas Poderosas

Una de las mejores herramientas de un coach es el uso de las preguntas poderosas. Las preguntas poderosas promueven la exploración de nuevas posibilidades y estimulan la creatividad. Colocan al individuo o equipo en un lugar de responsabilidad. Empoderan a individuos y equipos a considerar lo que es correcto para ellos.

Las preguntas poderosas:

- Están conectadas directamente a la escucha profunda. Realmente entender lo que dice la otra persona permite al coach elaborar la pregunta más eficaz.

- Son breves. Son cortas y al punto.

- Son sin juicio. No tienen ninguna agenda oculta. No encausan ni son sugerentes.

- Normalmente son abiertas, promoviendo aún más la conversación y la recolección de información.

- Ayudan a aclarar y a ralentizar las respuestas automáticas y el pensamiento.

- Las preguntas poderosas nos invitan a cambiar nuestra perspectiva.

¿Cuáles son los diferentes tipos de preguntas?

- Preguntas que ayudan a la persona a obtener perspectiva y entendimiento.

- Preguntas que evocan el descubrimiento.

- Preguntas que promueven la claridad y el aprendizaje.

- Preguntas que requieren acción.

3. Lenguaje Ingenioso

El lenguaje es el vehículo por el cual expresamos y ayudamos a otros a hacer lo mismo. El lenguaje tiene el potencial de crear un impacto positivo e impulsarnos hacia adelante. También tiene el potencial para descarrilar e infligir mucho daño. El lenguaje ingenioso incluye un conocimiento y un mayor desarrollo de nuestro propio lenguaje y un conocimiento del lenguaje de la otra persona.

El lenguaje ingenioso incluye:

- Palabras escogidas

- Alineación del lenguaje

- Metáforas, historias y citas

- Distinciones

- Reconocimiento

4. Acción y Rendición de cuentas

La acción y la rendición de cuentas juegan un papel importante en el coaching. Una de las principales razones por las que una persona decide trabajar con un coach, es porque quieren a alguien que les ayude a tomar acción y a alcanzar sus metas. Esta parte del proceso del coaching tiene varios componentes: Lluvia de ideas, diseñar la acción y darle seguimiento.

La lluvia de ideas incluye:

- Helicoptereando

- Definiendo el blanco

- Identificando las creencias limitantes y las falsas suposiciones.

- Decir la verdad

- Sembrar

- Estirar

Diseñando la acción incluye:

- Pasos de bebé

- Planeando Al Revés

- Haciéndolo ahora

Seguimiento:

- Reconociendo

- Creando estructura

- Haciendo la estrategia

- Anclando

- Diseñando Días De Ataque

- Identificando la acción diaria

5. Relaciones en el Coaching

En el coaching, las tres cosas más importantes son: relacionarse, relacionarse y relacionarse. La Relación en el coaching es el vehículo de cambio y transformación.

Los beneficios de relacionarse bien con alguien incluyen:

- La probabilidad de éxito aumenta
- Aumenta su eficacia como coach.
- Aumenta la probabilidad que un coachee prospectivo quiera que usted le imparta coaching.

Los componentes de las Relaciones en el Coaching son:

- Confianza e Intimidad
- Presencia del Coaching

6. Contrato de Coaching

El Contrato de Coaching consta de componentes iniciales y de carácter continuo. La naturaleza permanente del Contrato de Coaching incluye:

- Ayudar al coachee a tener claridad sobre lo que desea enfocar en esa particular sesión de coaching, así como lo que quieren obtener de él.
- A medida que se desarrolla la sesión de coaching, se debe seguir clarificando y explorando el beneficio a lo largo de toda la sesión.
- Sostener lado a lado la necesidad inicial que los llevó al coaching y el enfoque/beneficio actual. Debido a que el coaching está basado en el descubrimiento y no en los resultados, las nuevas ideas y perspectivas necesitan integrarse en el contrato de Coaching
- Un chequeo a mitad hasta el final de la sesión.

7. Creando una Nueva Conciencia

El crear Nueva Conciencia se trata de levantar las persianas y dejar entrar la luz de la información adicional, perspectiva e intención. Se fomenta la nueva conciencia cuando:

- Se alienta la curiosidad.
- Se clarifica cuando se presenta una pregunta.

- Las creencias y suposiciones son articuladas y verificadas.

- Usted camina intencionalmente al otro lado de la habitación para obtener una perspectiva diferente.

- Usted está abierto a otras formas de visualización e interpretación de la misma situación.

La nueva conciencia se favorece cuando:

- Se escucha a diferentes niveles.

- Se escucha contextualmente.

- Se profundiza.

- Se está atento a las pistas.

Eliminando las creencias limitantes y las falsas suposiciones.

- ¿Qué quiere lograr?

- ¿Qué podría estar usted asumiendo que le impida alcanzar su objetivo?

- Articule el OPUESTO POSITIVO de su creencia limitante o falsa suposición.

- Haga la pregunta incisiva.

- Escriba las acciones que tomará.

8. Comunicación Directa

La comunicación directa es la capacidad de comunicarse de manera efectiva durante el proceso de coaching, utilizando un lenguaje que tendrá el mayor impacto positivo en la persona que lo está recibiendo.

Características de la comunicación directa:

- Clara y asertiva.

- En el momento (oportunamente).

- Constructiva y sin juicio.

- Silencio apropiado y pausas.

- Demuestra un gran dominio del lenguaje.

- No acumula preguntas.

- Sigue un orden.

Cuatro formas específicas de comunicación directa incluyen:

- El Arte de Interrumpir
- Aconsejar
- Dirigir
- Dar Mensajes

RECURSO B: CUESTIONARIO DE EVALUACIÓN DE COACHING

Cuestionario de Evaluación de Coaching
Coaching4Today's Leaders

Coach:

Coachee:

Observador:

Fecha:

Instrucciones: Utilice el formulario de evaluación de *Ocho Bloques de Construcción* como guía para proporcionar retroalimentación a otros coaches. Por favor comparta sus comentarios y observaciones.

Los Ocho Blocs de Construcción del Coaching

1. ESCUCHA PROFUNDA	
	• Escuchó sin juicio, crítica o agenda.
	• Escuchó sin pensar en qué diría a continuación.
	• Escuchó valores, frustraciones, motivaciones y necesidades.
	• Escuchó la grandeza de la persona a la que está impartiendo coaching.
	• Escuchó creencias limitantes y falsas suposiciones.
	• Escuchó debo, debería y deberé.
	• Escuchó lo obvio.
	• Notó el tono, ritmo, volumen, inflexión y palabras usadas frecuentemente.

FORTALEZAS

OPPORTUNIDADES

2. PREGUNTAS PODEROSAS	• Promovió la exploración de nuevas posibilidades y estimuló la creatividad.
	• Colocó al coachee en la posición de la responsabilidad.
	• Empoderó al coachee a considerar qué es lo correcto para ellos.
	• Breve, rápidas y al punto.
	• Sin juicios
	• Sin agenda oculta.
	• Sin encausar o sugerir.
	• Generalmente abiertas.
	• Las preguntas promovieron más conversación y obtención de información.
	• Las preguntas ayudaron a clarificar y a ralentizar las respuestas y pensamientos automáticos.
	• Las preguntas proporcionaron un cambio de perspectiva.

FORTALEZAS

OPORTUNIDADES

3. LENGUAJE INGENIOSO	• Uso un lenguaje limpio, natural, no manipulador y sin agenda.
	• Uso un lenguaje que va por debajo de la superficie, al núcleo del asunto.
	• Emparejó las palabras/frases del coachee y sabía cuándo introducir palabras nuevas.
	• Se emparejó al ritmo y patrón del coachee.
	• Usó el lenguaje para ayudar al coachee a aprender, describir sus valores y definir su realidad.

3. LENGUAJE INGENIOSO *(CON.)*	• Alineó el Idioma Intencionalmente para transmitir aceptación y que usted los "entiende". • Desalineó el lenguaje intencionalmente como una forma de llamar la atención sobre un tema en específico.

FORTALEZAS

OPORTUNIDADES

4. ACCION Y RENDICIÓN DE CUENTAS	• Ayudó al coachee a descubrir diferentes perspectivas y posibilidades. • Alentó al coachee a elevarse por encima de su situación actual y ver el panorama completo. • Ayudó al coachee a percibir a qué se parece el éxito. • Creó nueva conciencia sobre las nuevas ideas y nutrió las ideas actuales. • Desafió a los coachees a que se estiran. • Asistió a los coachees en el diseño de sus acciones con resultados medibles. • Animó una actitud de "Hazlo ahora". • asistió al Coachee en el desarrollo de un plan de acción. • Asistió al Coachee para identificar cómo permanecer enfocado en la tarea actual. • Identificó las barreras que podrían descarrilar el avance.

FORTALEZAS

OPORTUNIDADES

5. RELACIONES EN EL COACHING	• Proporcionó un entorno seguro y propicio.
	• Se demostró preocupación genuina.
	• Proporcionó un espacio para que el coachee fuera "real," donde puede compartir, arriesgarse y explorar sin temor a juicio o rechazo.
	• Se modeló la verdad.
	• El coach trabajó para ir "más profundo" con el coaching a las cuestiones fundamentales.
	• El coach le prestó toda su atención al coachee.
	• Constantemente en modo para descubrir.
	• El coach estuvo abierto al "no saber" y estuvo cómodo "bailando" con el coachee.
	• Se utilizó el humor con efectividad.
	• El coach no se enredó en los problemas y desafíos del coachee

FORTALEZAS

OPORTUNIDADES

6. CONTRATO DEL COACHING	• Se le pidió al coachee que articulara su deseo/meta para la sesión de coaching.
	• Se utilizó el parafraseo con el coachee para asegurar la comprensión.
	• Ayudo al cliente alcanzar claridad de lo que deseaban enfocar durante la sesión.
	• Se le pidió al coachee que definiera el "beneficio" que quería de la sesión de coaching.
	• Se clarificó y exploró el "beneficio" a lo largo de la sesión de coaching.
	• Fue flexible en el cambio de enfoque, si la conversación requería un cambio de dirección.
	• Se sostuvo la necesidad inicial que los llevó al coaching y el actual enfoque/beneficio.

FORTALEZAS

OPORTUNIDADES

7. CREANDO UNA NUEVA CONCIENCIA	• Se demostró y alentó la curiosidad.
	• Utilizo preguntas para clarificar aun mas y explorar temas y descubrir nuevos conocimientos.
	• Las suposiciones y creencias fueron articuladas, cuestionadas y verificadas.
	• El coach ofreció intencionalmente una perspectiva nueva/ distinta para que el coachee la considerara.
	• El coach abrió otras maneras de ver e interpretar la misma situación.

FORTALEZAS

OPPORTUNITIES

8. COMUNICACIÓN DIRECTA	
	• Clara y rápida.
	• En el momento (oportunamente).
	• Auténtico, constructivo y libre de juicios.
	• Silencios y pausas apropiadas.
	• No apiló las preguntas.
	• No se "paró" sobre asuntos/temas.
	• Interrumpió apropiadamente y con respeto.
	• Cuando interrumpió, pidió permiso. *¿Puedo interrumpirle?*
	• Lo resumió para el coachee. *Esto es lo que yo estoy escuchando.... "*
	• Dio consejo como una opinión educada y experimentada sólo después de que todas las demás opciones habían sido exploradas. *Aquí está lo que he visto que funciona. Dígame si cree que valga la pena experimentar con ello.*
	• Re centró o dirigió al coachee hacia sus objetivos, cuando fue necesario.
	• Cuando fue apropiado, el coach les recordó la importancia de lo que están haciendo y hacia dónde van.
	• "Se dijo la verdad," el entrenador dijo exactamente lo que vio.
	• Reconoció al coachee y recurrió a su grandeza.
	• El coach avaló lo que había logrado el coachee.
	• Les aconsejó sobre lo que seguía. *Probablemente necesitan empezar a concentrarse en ABC, porque ya ha pasado por XYZ.*
	• El coach les dijo lo que quería para ellos. "Lo que quiero para ustedes es..."

FORTALEZAS

OPORTUNIDADES

**COMENTARIOS
GENERALES**

**POSIBLE
OPORTUNIDADES
PARA DESARROLLO**

RECURSO C: KIT DE BIENVENIDA DE MUESTRA

Ejemplo De Carta De Bienvenida

¡Bienvenido y Felicitaciones!

Gracias por decidirse a comenzar el proceso de coaching y por escogerme a mí como su coach. Mi compromiso es proveerle el mejor coaching posible.

A modo de que usted pueda sacar el máximo provecho de sus sesiones de coaching, estoy enviándole una serie de documentos para que usted los lea antes de su primera sesión. Estos documentos incluyen:

- **Un Contrato de Coaching.** Mi petición es que lea este contrato, lo firme y me lo devuelva.

- **Información de Contacto.** Esta información permanece como confidencial y privada.

- **Código de Ética.** Soy un miembro de la International Coach Federation y he firmado un acuerdo para acatar su Código de Ética.

- **Formulario de la Primera Sesión de Coaching.** Le pido que complete este y me lo devuelva antes de su primera sesión de coaching.

- **Reporte de Enfoque.** Éste es un informe rápido y simple que le pido que complete y me devuelva antes de cada sesión de coaching (excluyendo su primera sesión). Completar el presente formulario no sólo le ayuda a prepararse para cada sesión, sino que además también me prepara a mí como su coach.

A la hora planeada para la sesión de coaching, le pido que me llame al **<su teléfono=""aquí ="">**. Cada sesión es de aproximadamente 30 minutos de duración. Ya que tengo clientes antes y después de cada sesión de coaching, es importante que nos adhiramos al plazo de 30 minutos.

En ocasiones, entre las sesiones de coaching, quizá usted quiera llamar o envíenme un correo electrónico. Por favor no dude en hacerlo. Mi compromiso es responderle en una manera oportuna, a medida que el tiempo me lo permita.

Una vez más, Bienvenido al proceso de coaching y felicitaciones por tomar este importante paso hacia adelante.

<SU NOMRE AQUÍ>

Contrato Muestra

CONTRATO DE COACHING

Para mi cliente: Por favor, revise, ajuste, firme donde se indica y devuélvamelo a la dirección indicada a continuación.

NOMBRE

PERIODO INICIAL   MES, DE   A

CUOTA $

NÚMERO DE SESIONES POR MES

DURACIÓN   (duración de la sesión)

REFERIDO POR:

REGLAS BÁSICAS:

      1. EL CLIENTE LLAMA AL ENTRENADOR A LA HORA PROGRAMADA

      2. EL CLIENTE PAGA LAS CUOTAS DE COACHING POR ADELANTADO.

      3. EL CLIENTE PAGA POR LOS CARGOS DE LARGA DISTANCIA, SI LOS HAY.

1. Como cliente, entiendo y acepto que soy totalmente responsable de mi bienestar físico, mental y emocional durante las llamadas de mi coaching, incluyendo mis opciones y decisiones. Estoy consciente de que puedo elegir cancelar este contrato en cualquier momento, con 30 días de aviso por escrito.

2. Entiendo que el "coaching" es una relación Profesional-Cliente que tengo con mi coach y que está diseñado para facilitar la creación/desarrollo de metas personales, profesionales o de negocios y para desarrollar y realizar un plan estratégico para el logro de esos objetivos.

3. Entiendo que el coaching es un proceso integral que puede involucrar todas las áreas de mi vida, incluyendo trabajo, finanzas, salud, relaciones, educación y recreación. Yo reconozco que el decidir cómo tratar estos temas, incorporando el coaching en esas áreas e implementando mis opciones, es exclusivamente mi responsabilidad.

4. Entiendo que el coaching no implica el diagnóstico o el tratamiento de los trastornos mentales según lo definido por la Asociación Psiquiátrica Americana. Entiendo que el coaching no es un sustituto de terapia, psicoterapia, psicoanálisis, tratamiento de salud o abuso mental y no lo utilizaré en lugar de cualquier forma de diagnóstico, tratamiento o terapia.

5. Prometo que, si estoy actualmente en terapia o de alguna otra forma bajo el cuidado de un profesional de salud mental, he consultado con el proveedor del cuidado de la salud mental con respecto a la conveniencia de trabajar con un coach y que esta persona está consciente de mi decisión de continuar con la relación de coaching.

6. Entiendo que la información se tratará como confidencial a menos que se indique lo contrario, por escrito, excepto según lo requerido por ley.

7. Entiendo que ciertos temas pueden ser compartidos anónima e hipotéticamente con otros profesionales de coaching para capacitación o propósitos de consulta.

8. Entiendo que el coaching no debe ser utilizado como sustituto de consultas legales, médicas, financieras, comerciales, espirituales o de otros profesionales calificados. Buscaré orientación profesional independiente para asuntos legales, médicos, financieros, comerciales, espirituales u otros. Entiendo que todas las decisiones en estas áreas son exclusivamente mías y reconozco que mis decisiones y mis acciones con respecto a ellas son mi responsabilidad.

He leído y estoy de acuerdo con lo anterior.

_____

Firma del Cliente

Fecha:

Por favor devolver a:

_____

Formulario de Contacto Muestra

Información de Contacto

*Por favor envíeme esta información a **<su correo electrónico aquí= >**.*

Nombre:

Dirección:

Números de teléfono: (la mejor forma de localizarle):

Primario:

Secundario:

Otro:

Correo electrónico:

¿Le gustaría recibir mi boletín mensual?   Si   No

Nombre de la ubicación de su ministerio y su rol:

Muestra de Formulario de Primera Sesión de Coaching

Primera Sesión de Coaching

Por favor conteste las siguientes preguntas y envíeme sus respuestas por correo electrónico al menos un día antes de su primera sesión de coaching.

1. ¿Cuáles son 10 cosas que necesito saber de usted y de su iglesia?

1) _____

2) _____

3) _____

4) _____

5) _____

6) _____

7) _____

8) _____

9) _____

10) _____

2. ¿Qué quiere ser capaz de decir acerca de usted, o de su iglesia, dentro de tres meses a partir de ahora, que no pueda decir actualmente?

¿Dentro de un año?

¿Dentro de tres años?

3. ¿Por qué es importante esto para usted?

4. ¿Qué le está deteniendo? ¿Qué se le atraviesa en el camino?

5. ¿Cuál sería una cosa simple que usted pudiera hacer para acercarse a su meta?

   (¡Ahora! ¡Hoy! ¡Esta semana!)

Muestra de Formulario de Reporte de Enfoque

Reporte de Enfoque

Nombre: Fecha:

Por favor llame al <Su teléfono aquí> **para sus sesiones de coaching.**

Qué he logrado O qué acción he tomado desde la última sesión:

Qué no logré pero pretendía hacer Y qué se atravesó en el camino:

En este momento, los mayores retos o problemas con los que estoy lidiando son:

Quiero enfocar nuestra atención durante nuestra próxima sesión de coaching a …

RECURSO D: UNA LISTA DE PREGUNTAS PODEROSAS

Las Top 10 Preguntas de Fin de Año para Su Equipo

1. ¿Qué ha logrado usted este año? Sea específico. Escríbalo. ¡Programe tiempo para celebrarlo!

2. ¿Qué ha aprendido este año? ¿Qué habilidades adquirió? ¿Qué lecciones?

3. ¿Qué se atravesó en su camino? ¿Dónde estará el año que viene en su trabajo? Sea honesto si fue usted quien se interpuso en el camino.

4. ¿Que contribuyó a su éxito? ¿Qué puede hacer para otorgarles reconocimiento a los miembros de su equipo personal o profesional?

5. ¿Qué errores cometió, y qué aprendió de ellos? Escribirlos es un buen repaso para ver lo que no hay que hacer el año que viene.

6. ¿En qué aspecto fue su trabajo coherente con sus valores?

7. ¿En dónde no tomó responsabilidad? A veces es más fácil verlo si nos distanciamos un poco del acontecimiento real.

8. ¿Cómo calificaría su rendimiento? Califíquese con una letra o un número del 1 al 10.

9. ¿Qué necesita dejar ir? Hacerlo puede ayudarle a moverse de forma más ligera en el nuevo año.

10. ¿Qué le hizo falta este año? ¿Cómo puede usted incorporar eso al año que viene?

Las Top 10 Preguntas para Líderes

1. ¿Qué quieres ser capaz de decir dentro de tres años que no pueda decir hoy (cerca de usted o su organización)?

2. ¿Cuáles son los posibles próximos pasos?

3. ¿Quién le puede ayudar con esto?

4. ¿Cuál es la verdad ahora?

5. ¿Como maneja usted el fracaso?

6. ¿Qué modela usted?

7. ¿Qué tanto complace a la gente?

8. ¿De qué necesita deshacerse para avanzar?

9. En una escala de 1 a 10, ¿Qué tan comprometido está a tomar acción? (1 ningún = compromiso, 10 = alto compromiso)

10. ¿Cuál es el resultado de no tomar acción?

Las Preguntas Favoritas

1. ¿Qué sigue?

2. ¿Qué desea?

3. ¿De qué tiene miedo?

4. ¿Qué le está costando esto?

5. ¿A qué está usted atado?

6. ¿Cuál es el sueño?

7. ¿Cuál es la esencia del sueño?

8. ¿Qué hay más allá de éste problema?

9. ¿Qué hay más adelante?

10. ¿Hacia qué está construyendo?

11. ¿Qué necesita suceder para que se sienta exitoso?

12. ¿De qué regalo no está siendo responsable?

13. ¿Cuáles son sus fuentes de energía saludables?

14. ¿Qué lo está deteniendo?

15. ¿Qué obstaculiza su camino?

16. ¿Qué haría la mayor diferencia aquí?

17. ¿Qué va a hacer?

18. ¿Qué desearía hacer?

19. ¿Qué puede hacer para ser feliz ahora?

20. ¿Qué espera conseguir al tener esa conversación?

21. ¿Qué espera lograr al hacer eso?

22. ¿Cuál es el primer paso?

23. ¿Cómo sería tener entusiasmo y miedo al mismo tiempo?

24. ¿Qué es importante acerca de eso?

25. ¿Qué le haría tratarse como su mejor cliente?

26. ¿Qué beneficio/recompensa hay en la situación actual?

27. ¿Qué espera que suceda?

28. ¿Qué es lo ideal?

29. ¿Cuál es el resultado ideal?

30. ¿Cómo se vería?

31. ¿Cuál es la verdad sobre esta situación?

32. ¿Cuál es la acción correcta?

33. ¿Qué va a hacer?

34. ¿Qué está funcionando para usted?

35. ¿Qué haría de manera diferente?

36. ¿Qué decisión tomaría desde un lugar de abundancia?

37. ¿Qué otras opciones tiene?

38. ¿Qué es lo que realmente, realmente quiere

39. ¿Qué pasaría si no hubiera límites?

40. ¿Qué es lo que no me ha dicho que me aleja de impartirle coaching/ayudarle?

41. ¿Qué no le he preguntado que debería preguntar?

42. ¿Qué hay que decir que no se ha dicho?

43. ¿Qué no está diciendo?

44. ¿Qué tiene que decir al respecto?

45. ¿Qué más tiene que decir al respecto?

46. ¿Qué queda por hacer para que esto se complete?

47. ¿Qué tiene invertido en continuar haciéndolo así?

48. ¿Qué es eso?

49. ¿Qué viene primero? ¿Qué consecuencia está evitando?

50. ¿Cuál es el valor que usted recibió de esta reunión/conversación?

51. ¿Qué lo está motivando?

52. ¿Qué lo tiene enganchado?

53. ¿Qué falta aquí?

54. ¿A qué le recuerda eso?

55. ¿Qué sugiere?

56. ¿Qué hay debajo de eso?

57. ¿Qué parte de lo que dije era útil?

58. ¿Y cómo?

59. ¿Qué está contribuyendo esta persona a la calidad de su vida?

60. ¿Qué es lo que usted se está negando a usted mismo ahora?

61. ¿Qué necesita poner en marcha para lograr esto?

62. ¿Cuál es la solución más sencilla aquí?

63. ¿Qué le ayudaría a entender que le apoyo completamente en esto?

64. ¿Qué sucedió?

65. ¿Qué está evitando?

66. ¿Qué es lo peor que podría pasar?

67. ¿A qué está comprometido?

68. ¿Cuál es su visión para usted y las personas que le rodean?

69. ¿Qué es lo que no quiere?

70. ¿Qué pasaría si supiera?

71. ¿Qué le dice su corazón? ¿A qué está dispuesto a renunciar?

72. ¿Qué podría haber hecho diferente?

73. ¿Qué no está enfrentando?

74. ¿Qué le recuerda este sentimiento?

75. ¿Qué haría diferente si se resolviera este problema?

76. ¿Qué dice su alma?

77. ¿Qué necesita soltar para poder avanzar?

78. ¿Cuál es el resultado de que usted no lidie con este problema?

79. ¿Las cosas están tan malas como dice que están o están peores?

80. ¿Hasta qué punto cuando dice "Sí" siente que realmente dice "no"?

81. ¿Cuál es la decisión que está evitando?

82. ¿Qué está fingiendo no saber?

83. ¿Qué diez cosas necesito saber sobre usted?

84. ¿Qué quiere ser capaz de decir acerca de usted mismo (su iglesia) dentro de tres meses? ¿En un año? ¿En tres años?

85. ¿Qué le está deteniendo? ¿Qué se le atraviesa en el camino?

86. ¿Cuál es una cosa simple que podría hacer hoy para llevarlo más cerca de su meta? (¡Ahora! ¡Hoy!)

87. ¿Cuál es su sueño más grande, más salvaje?

88. ¿Qué le mantiene despierto por la noche? ¿Qué piensa constantemente cuando está en la ducha?

89. ¿Qué le ha motivado en el pasado para alcanzar/conseguir objetivos difíciles, decisiones importantes, o hacer cosas desafiantes? ¿Podemos usar eso como un motivador ahora?

90. ¿Quién puede ayudarlo con esto?

91. ¿Qué está usted tolerando?

92. ¿Qué le ha servido en el pasado? ¿Aún le sirve ahora?

93. ¿Qué haría si supiera que no podría fallar?

94. ¿Qué parte de este objetivo es suyo? ¿Qué parte le pertenece a alguien más? ¿Qué pasaría si el objetivo fuera todo suyo?

95. ¿Cómo puedo apoyarlo? ¿Qué es lo que más necesita de mí?

96. ¿De qué está agradecido?

97. ¿Qué hace que su corazón cante?

98. ¿Qué hace falta?

99. ¿Qué tiene que hacer diferente para hacer que esto suceda?

100. ¿Qué necesita poner en marcha para que esto suceda?

101. Cuando alcance su objetivo, ¿cómo se verá?

102. ¿A quién conoce que ya está haciendo esto bien?

103. ¿Cuáles serán las señales que es hora de empezar?

104. ¿Cómo sabrá que ha tenido éxito?

105. ¿Cómo sabrá cuando ya haya llegado?

106. ¿Qué parte de usted necesita cambiar?

107. ¿Qué es en lo que necesita concentrarse para conseguir llegar a donde quiere llegar?

108. ¿Podría usted estar equivocado? ¿Cómo podría comprobar esto?

109. ¿Se alinea esto con su visión y los objetivos?

110. ¿De qué cosa se sintió muy bien durante esta última semana?

111. ¿Qué cosa haría la diferencia más grande ahora?

112. ¿Cuál es su creencia sobre esta situación?

113. ¿De qué querría más? ¿Y de qué querría menos?

114. ¿Qué es verdad acerca de esta situación?

115. ¿Cuáles son los efectos de esto en usted?

116. ¿Qué pasos podrían hacer avanzar a esto?

117. ¿Qué tan apegado está usted al resultado?

118. ¿Cuál es el "debe" en esta situación?

119. ¿Este es el momento de comenzar?

120. ¿Cuál es la verdad sobre esta situación?

121. ¿Cuál es el camino de menor resistencia?

122. ¿Hay alguna otra manera? Hagamos una tormenta de ideas, busquemos otras 5 posibilidades.

123. ¿Cuál es el costo de esto?

124. ¿Puede ver lo que está más allá de este problema?

125. ¿Puede ver lo que está delante?

126. ¿Está abierto a una manera diferente de ver esto?

127. ¿Qué están diciendo sus acciones sobre esta situación?

128. ¿Qué pasará si sigue haciendo esto durante los próximos 10 años?

129. Debajo de todo esto, ¿A qué está usted realmente comprometido?

130. ¿Cual es el legado que deseas dejar?

131. ¿Puedo empujarle con esto?

132. Entonces, ¿qué es posible aquí?

133. ¿Qué oportunidades no está aprovechando?

134. ¿Quién está realmente a cargo aquí?

135. ¿Cuáles son cinco cambios o acciones que usted puede tomar en los próximos 30 días que le ayudarán a seguirá adelante?

136. ¿Qué está dispuesto a hacer para que esto funcione?

137. ¿Qué consume su tiempo, hasta el punto que le distrae de alcanzar sus metas?

138. ¿Qué realmente, realmente, realmente, REALMENTE quiere?

139. ¿De qué tiene miedo en esta situación?

140. ¿Qué es lo peor que podría pasar? Y si eso sucediera, ¿qué es lo peor que podría pasar después de eso?

141. ¿Qué es lo mejor que podría pasar?

142. ¿Qué es lo que NO está diciendo? ¿Qué le está frenando?

143. ¿Persiguen un objetivo que ya no tiene sentido?

144. ¿Qué normas internas y normas implícitas están teniendo un impacto negativo?

RECURSO E: ESTRATEGIAS Y TÉCNICAS ADICIONALES DE COACHING

Hemos incluido en este texto una serie de ejercicios y técnicas que usted puede utilizar en su coaching.

Ejercicio de Enfoque

Este ejercicio ayuda al individuo a obtener claridad sobre sus principales funciones y responsabilidades.

Empiece escribiendo sus respuestas a cada una de estas preguntas:

* ¿Cuáles son las cosas que sólo usted puede hacer?

* ¿Cuáles son las cosas que pueden hacer usted y otras personas?

* ¿Cuáles son las cosas que puede hacer, pero elige no hacer?

* ¿Cuáles son las cosas que no puede hacer y nunca quiere hacer?

Revise sus respuestas y profundice su aprendizaje con estas preguntas adicionales:

* ¿Cómo se compara lo que ha escrito con cómo gasta realmente su tiempo y energía?

* ¿Qué se necesitaría para que pasara la mayor parte de su tiempo haciendo lo que sólo usted puede hacer?

* ¿Quién necesita ser para hacer de esto una realidad?

Identifique los cambios y ajustes necesarios y actúe ahora. Hoy.

Calendario De Liderazgo

Para responder a los desafíos de liderazgo, los líderes deben hacer tiempo para estas prioridades:

* **Relajamiento:** Todo buen líder entiende la importancia de cuidar su cuerpo físico. (Véase también Poderoso Sabat abajo).

* **Resultados:** Haga tiempo para sus objetivos principales.

* **Respuesta:** Asegúrese de que hay suficiente tiempo para el seguimiento y la terminación.

* **Reenfocar:** Establezca tiempo para corregir el rumbo y ajustarlo.

Pregunte a su coachee cuál de las cuatro "R" olvida con frecuencia. La "R" final suele ser la más olvidada. Entonces pregunte, "¿Cuál de estas "R" sería de mayor beneficio para usted y su liderazgo?"

Las Cuatro "eRes"

Las cuatro áreas de descanso incluyen:

1. **Descanso Físico:** Asegúrese de que su cuerpo está obteniendo un descanso adecuado.

2. **Descanso Mental:** Disfrute de algo de silencio. Apague el televisor. Tome un descanso de leer las noticias deprimentes en el periódico. Deje que su mente descanse.

3. **Descanso del Corazón:** Cuidar de otros y de sus necesidades puede ser agotador. Tome un breve descanso y deje que otros le cuiden. Usted será capaz de cuidar mejor a otros cuando regrese.

4. **Descanso del Alma:** Tómese tiempo para experimentar el silencio. Descanse en el conocimiento de que ¡el mundo no gira en torno suyo ni mío!

Cuando viajamos en avión, se nos recuerda que en caso de emergencia, aquellos que viajan con niños deben ponerse su propia máscara de oxígeno primero y luego cuidar de sus hijos. Una sólida base personal es como ponerse la máscara de oxígeno primero. Así será capaz de cuidar y guiar a los que le rodean.

Tiempo Dividido Versus Tiempo Completo

Un desafío común para muchos clientes es hacer las cosas, especialmente aquellas que sólo ellos pueden hacer. La lista de tareas sigue creciendo. Los sentimientos de culpa e inadecuación se arraigan. Los últimos artilugios tecnológicos no son de ninguna ayuda. No importa lo que haga, todavía no hay suficientes horas en la semana para hacer todo lo que quiere y necesita hacer.

Si mira más de cerca sus tareas y lo que requiere, puede superar este cuello de botella en cualquier momento. Verá, algunas tareas requieren un sólido bloque de tiempo para completarse. Esas tareas a menudo requieren un flujo de pensamiento creativo o un proceso de secuencia estratégica. Cada vez que se detenga y vuelva a inicia un proyecto de bloque sólido, pierde tiempo valioso y momentum.

Por otra parte, las tareas de tiempo de intervalo pueden detenerse y ser reiniciadas con poca o ninguna pérdida de tiempo o de impulso. Este tipo de tareas puede trabajarse cuando descubre unos minutos extras o cuando está en piloto automático.

Pruebe esto: empiece por identificar lo que necesita en cualquier semana del año. Entonces, para cada tarea, decida si necesita un bloque "sólido" de tiempo o un bloque de tiempo"dividido."

Usted se sorprenderá cómo esta simple distinción le permitirá un uso mucho más eficiente de su tiempo, y cuánto más rápidamente se completará las tareas en su lista.

Referencias

Capobianco, S., Davis, M., and Kraus, L. *Conflict Dynamics Profile*. St. Petersburg, FL: Eckerd College Leadership Development Institute, 1999.

Capobianco, S., Davis, M., and Kraus, L. *Good Conflict, Bad Conflict: How to Have One Without the Other*. Mt. Eliza Business Review, Summer-Autumn 2005.

Covey, Stephen. *The 7 Habits of Highly Effective People*. London: Simon & Schuster, 1999.

Crum, Thomas. *The Magic of Conflict: Turning a Life of Work into a Work of Art*. 2nd ed. Touchstone, 1998.

Deutschman, Alan. *Change or Die: The Three Keys to Change at Work and in Life*. HarperCollins, 2007.

The International Coach Federation, http://www.coachfederation.org.

Kline, Nancy. *Time to Think*. London: Cassell Illustrated, 1999.

Leeds, Dorothy. *Smart Questions*. McGraw-Hill, 1987.

Lim, Evelyn. "Our Life Journey: Break Free From Limiting Beliefs — Abundance Tapestry." Love Yourself, Love Your Life. May 29, 2008. http://www.abundancetapestry.com/break-free-from-limiting-beliefs.

McGovern, PhD, Joy, and Michael Lindemann, PhD. "Maximizing the Impact of Executive Coaching: Behavioral Change, Organizational Outcomes, and Return on Investment." The Manchester Review , Vol. 6, No. 1 (2001)

Mayer, Bernard S. *The Dynamics of Conflict Resolution: A Practitioner's Guide*. San Francisco: Jossey-Bass Publishers, 2000.

Pawlik-Kienlen, Laurie. *Protecting Personal Boundaries*. 2006.

Runde, Craig E., and Tim A. Flanagan. *Becoming a Conflict Competent Leader: How You and Your Organization Can Manage Conflict Effectively*. 2nd ed. San Francisco: Jossey-Bass Publishers, 2012.

Scholtes, Peter R., et al. *The TEAM Handbook*. Madison, Wisconsin: Oriel, Inc., 2003.

Scott, David Meerman. *World Wide Rave: Creating Triggers that Get Millions of People to Spread Your Ideas and Share Your Stories*. Hoboken, NJ: JohnWiley & Sons, Inc., 2009.

Stull, Craig, Phil Myers and David Meerman Scott. *Tuned In*. New Jersey: John Wiley & Sons, Inc., 2008.

Van Sant, Sondra S. *Wired for Conflict: The Role of Personality in Resolving Differences*. Gainesville, Florida: Center for Applications of Psychological Type, Inc., April 2003.

Weiss, Jeff, and Jonathan Hughes. "Want Collaboration? Accept – and Actively Manage – Conflict." Harvard Business Review. March 1, 2005. http://hbr.org/2005/03/want-collaboration-accept-and-actively-manage-conflict/ar/1

Weiss, Jeff, and Jonathan Hughes. "Want Collaboration? Accept—and Actively Manage—Conflict." Harvard Business Review. http://hbr.org/2005/03/want-collaboration-accept-and-actively-manage-conflict/ar/1.

Winesman, Albert L., Donald O. Clifton, and Curt Liesveld. *Living Your Strengths: Discover Your God-Given Talents and Inspire Your Community*. New York: Gallup Press, 2003-2004.

Zander, Rosamund Stone and Benjamin Zander. *The Art of Possibility: Transforming Professional and Personal Life*. London, England: Penguin Books, Ltd., 2000.

Zenger, John H., David Ulrich, and W. Norman Smallwood. *Results-Based Leadership*. Boston: Harvard Business School Press, 1999.

Zenger, John H., and Kathleen Stinnett. "The Extraordinary Coach: How the Best Leaders Help Others Grow." Harvard Business Review Press. April 15, 1999.

Acerca de los Autores

Dr. J. Val Hastings, MCC es el Fundador y Presidente de Coaching4Today'sLeaders, Coaching4Clergy, Coaching4Groups, y Coaching4BusinessLeaders. Val contrato a su primer coach mientras era pastor en una iglesias Metodista Unidad local. Su progreso fue notado por todos, y el comenzó a pensar, "Que tal si yo adopto una estrategia de coaching a mi liderazgo?" En ese momento, una visión comenzó a nacer-una visión global "Cada Líder un Coach."

Dr. Hastings es el autor de numerosos libros y ha desarrollado cuatro programas de adiestramiento del coaching los cuales son acreditados y aprobados al mas alto nivel de la Federación de Coach Internacional (ICF). Estos adiestramientos son ofrecidos globalmente y se ofrecen en varios lenguajes, tales como: Ingles, Español, Portugués, y Coreano. Graduados de estos programas han recibido las tres credenciales de ACC, PCC, y MCC del ICF.

Val actualmente mantiene la designación de Maestro Coach Certificado a través de la Federación Internacional de Coach (ICF), la cual es el mas alto rango. Adicionalmente, mantiene su rango como Coach-Profesional Mentor. Adicionalmente a ensenar en sus propios cursos, Val tiene estatus como facultad en Coach University y Faith Evangelical Seminary. En el 2006, Val fuer un presentador en una reunión global del ICF, y en el 2007, sirvió como Presidente del Capitulo de Filadelfia del ICF.

Trigena H. Halley, PCC, es la fundadora y propietaria de Peak Performance CCT, LLC, que inició en 2009 como una vía para combinar sus 20 + años de experiencia en consultoría organizacional con el coaching profesional. Durante su carrera profesional, Trigena ha ocupado diversos cargos de liderazgo en el ámbito empresarial global, con un enfoque en el desarrollo de talento, ejecución de la estrategia, logro de metas financieras y satisfacción del cliente.

Se especializa en liderazgo, coaching, mejora del rendimiento, desarrollo de líderes y trabaja con organizaciones que emplean una cultura sostenible de rendimiento y resultados. Su experiencia abarca organizaciones de servicio, de no lucro, fabricación, corporativas, educativas y organizaciones basadas en la fe. Trigena tiene experiencia significativa formación y coaching de grupos. Ha liderado el desarrollo y la aplicación de liderazgo en gran escala de programas de formación de coaching para varios clientes corporativos globales. También ofrece una amplia variedad de evaluaciones individuales y organizacionales.

Trigena es un Mentor-Coach Profesional y sustenta la designación Coach Profesional Certificado de la International Coach Federation.

Apasionada por la naturaleza, Trigena conduce programas de liderazgo vivencial y viajes de aventura femeninos utilizando el deporte del cañonismo. Estas aventuras proporcionan un rico entorno para la realización del potencial individual. Ella ha encontrado que la propia naturaleza proporciona el escenario ideal para el aprendizaje y el cambio.

En 1999, Trigena se trasladó a Sandy, Utah, donde pasa cuatro temporadas al año al aire libre, esquiando, haciendo montañismo, corriendo, haciendo rafting por los cañones de río y realizando barranquismo de altura. Ella continúa explorando el gran estado de Utah y otros destinos emocionantes con su esposo, dos hijos y sus amigos.

Acerca del Traductor

Dr. Mario Garcia, PCC, es el Director del departamento hispano de Coaching4Clergy, mentor coach, y miembro de la facultad, que provee capacitacion especializada para pastores, empresarios, administradores, ejecutivos de iglesias, empresas y coaches. El Dr. Mario contrató a su primer coach en el 1992 despues de su primera certificacion internacional como coach en Hong Kong, luego de iniciar su primer pastorado en una Iglesia Asambleas de Dios en Puerto Rico. Desde entonces, el Dr. Mario comparte su vision de compartir los preceptos de coaching y ha logrado presentar, ensenar y ha sido coach ejecutivo de mas de 25,000 clientes en 55 paises. Despues de su adiestramiento con Anthony Robbins y Cloe Madanes en el Centro de Coaching Estrategico, donde compartio los conceptos de neurociencia, el Dr. Mario se unio a la vision de Val para compartir el concepto de coaching a pastores, ministros y laicos en el mundo entero.

Los logros educativos del Dr. Mario incluyen: Ph.D. en Psicologia, Capella University, Minneapolis, MN; Juris Doctor (derechos), University of Miami School of Law, Coral Gables, FL.; Doctorado en Teologia/Historia de la Iglesia (Theology Master), Liberty University, Liberty Theology Seminary & Graduate School, Lynchburg, VA; Post Doctorado en Neuropsicologia, Fielding Graduate University, Santa Barbara, CA; Maestria en Divinidad, Liberty University; M.Div. Liberty University; Maestria en Empresas (MBA), Golden Gate University, San Francisco, CA; Maestria en Leyes de Salud (LLM), Loyola University of Chicago, IL, Bachillerato en Empresas, Excelsior College, Albany, NY. Sus certificaciones y licencias incluyen: Professional Coach Certification (ICF); Mental Game Coaching Professional (Peak Performance Sports); Strategic Intervention Coach (Robbins Madanes Training Center); End of Life Coaching Certification (CEOL); Master NLP Practitioner/Trainer/Coach, (iNLP Center); and John Maxwell Certified Coach/Trainer/Speaker.